Ulrich Schödlbauer · Das Land der Frösche

Umschlagmotive: Jürgen Wölbing

Die Deutsche Bibliothek – CIP-Einheitsaufnahme
Schödlbauer, Ulrich
Das Land der Frösche: Miniaturen – Heidelberg: Manutius Verlag 2001

ISBN 3-934877-06-0

©Edition Zeno im Manutius Verlag, Frank Würker GmbH
Heidelberg 2001
ISBN der Reihe X-9114-2700-5
Druck: Josef Wegener GmbH, Dormagen

Ulrich Schödlbauer

Das Land der Frösche

Miniaturen

Edition Zeno im Manutius Verlag

Edition Zeno herausgegeben von Renate Solbach

1

Der indiskrete Mann

Und nun übermittle ich Ihnen den Stein der Weisen; das glänzendste Geschäft in dieser Welt ist die Moral. Ich bin noch nicht so weit, das Geschäft zu machen, aber ich müsste nicht der Marquis von Keith sein, wenn ich es mir entgehen ließe.
Der Marquis von Keith

Die Leiden des Marquis

1.

Berührungen mit vergessenen oder von der Kritik vernachlässigten Werken erinnern manchmal an etwas, das niemals war, an ein Damals, das in der Berührung entsteht und in ihr dauert. Legitim oder nicht: Erfahrungen dieser Art sind es, die unserer musealen Kultur das eine oder andere Schnippchen schlagen – beiläufig, wie es sich versteht. Die Realität ist ein gefräßiger Konsument ihrer Deutungen. Manche scheidet sie als unverdaulich wieder aus, andere gehen auf Dauer in sie ein. Einige lässt sie jahrelang unbeachtet, bevor die Stunde kommt, in der sie verschlungen werden, nur eine, gewiss, aber was besagt das. In manchen Bildern erkennt sich eine Gesellschaft nur flüchtig, nicht anders als ein Individuum, das zwischen Wachen und Schlafen bemerkenswerte Ansichten findet und wieder verliert. Sei es, dass Übergänge die Wahrnehmung schärfen: Überall, wo Leitbilder gezimmert werden, drängeln sich Schattenbilder – vergessen, verdrängt, verraten, verräterisch selbst.

2.

In den achtziger Jahren dieses Jahrhunderts wurde die westliche Industriegesellschaft, stets auf der Suche nach neuen Leitbildern – neuen alten und alten neuen – ein weiteres Mal fündig. Damals gingen die großen Konzerne dazu über, kleinere Entwicklungsvorhaben systematisch auszugliedern. Sie förderten Risikoexistenzen, die Vorhut einer neuen Elite. Der technisch-soziale Prozess entwarf eine Existenzform neu, die gerade noch als unwiderruflich passé gegolten hatte. Aus dem Schatten übermächtiger Institutionen und unübersehbarer Hierarchien trat der gesellschaftliche Typus des flexiblen, innovationssüchtigen, kreativitätsgläubigen, hochspezialisierten Selbständigen und Kleinstunternehmers; ihm, so lautete eine der Botschaften, werde das kommende Jahrzehnt gehören. Mit dem Leitbild des Selbständigen kehrte eine Grundfigur menschlicher Selbstauslegung wieder, die in den zurückliegenden Zeiten allseitiger Eingliederung poetisch verblasst war: der Hochstapler. Er ist der ältere Zwillingsbruder des Selbständigen, sein alter ego. Wie dieser operiert er auf eigene Rechnung. Die Differenz liegt darin, dass es dessen eigene Produkte sind, die der Hochstapler ihm verkaufen möchte. Der Gesellschaft zu dem zu verhelfen, was sie hervorbringt – dieses hehre Ziel distributärer Menschheitsbeglückung ist auch das seine. Wer möchte es ihm da neiden, dass er sich vorab mit dem Accessoires des Erfolgs bedenkt, der darin besteht, im Spiel zu sein, wenn er doch weiß, dass das Spiel bald aus sein wird? In diesem Punkt beweist er eine Klarheit des Blicks, die seinem seriösen Widerpart nicht fremd ist, obgleich er sie im beruflichen Alltag verdrängt. Wedekinds Marquis nähert sich dem Sachverhalt mit der Geste des großen Verlierers: »Unglück kann jeder Esel haben, die Kunst besteht darin, dass man es richtig auszubeuten versteht!«

3.

Der Marquis von Keith, dieses Gründerzeitmuster des Hochstaplers unter den Bedingungen einer prosperierenden Ökonomie, treibt die Kreativität des einzelnen, der in die eigene Tasche wirtschaftet, auf ihren archimedischen Punkt. Seinen Geschäftspartnern ist er immer einen, den entscheidenden Schritt voraus: Er handelt mit Ideen. Zwar macht die industrielle Arbeitsteilung auch Ideen zur Ware; diese Entwicklung lässt den Marquis jedoch kalt. Für ihn ist das Projekt identisch mit dem Produkt. Folgerichtig geht das Spiel für ihn zu Ende, sobald die Realisierung des Projekts beginnt. Erster Akt, erste Szene: auf tritt der Gründer und künftige Geschäftsführer einer *Feenpalast*-Gesellschaft, die – nomen est omen – die Phantasie mit dem Versprechen märchenhafter

Gewinne reizt. In der letzten Szene des Stücks bedeutet ihm sein ehrenwerter Nachfolger, es sei besser, die Stadt binnen vierundzwanzig Stunden zu verlassen: »Im Interesse einer gedeihlichen Entwicklung unseres Unternehmens«. Die Kleinigkeit, über die Keith stolpert, wäre, unter Gentlemen, nicht der Rede wert, enthielte sie nicht zufällig die Herausforderung schlechthin an die Welt des Geldes – er führt keine Geschäftsbücher. In dieser Welt, in der alle Türen, die zum Zuchthaus inbegriffen, offenstehen, und das Risiko eine träge Katze ist, die jeden unvermutet anfallen kann, weigert sich der Traumtänzer des ›non olet‹ mit selbstmörderischer Konsequenz, Spuren zu hinterlassen. Der Egoist aus Prinzip entäußert sich restlos und selbstgefällig in seinen Projekten. Angesichts der Solidität des durch ihn Erreichten verflüchtigt sich seine Existenz, als habe es sie nie gegeben. Umso energischer sein Vorgriff auf das, was er nie erreichen wird. Der Hochstapler kommt aus dem gesellschaftlichen Nichts, er hat zuviel Ehrfurcht vor dem gewachsenen Besitz, als dass er ihm ernsthaft Konkurrenz machen wollte. Er kennt die Mächtigen, die seine Geschäfte zu Ende bringen; er ist bereits auf der Flucht.

4.

Der Hochstapler bedarf beträchtlicher Geistesgaben, um mit dem Einfachen mitzuhalten, dem Alltag der anderen, die die Redlichkeit in Erbpacht halten, weil sie aus Trägheit des Geistes die kollektive Niedertracht der individuellen vorziehen. »Anderen Menschen fällt ihr Lebensberuf zu leicht, sie brauchen mit keinem Gedanken daran zu denken.« Das ist naiv gesagt, aber kompliziert gedacht. Im Munde Mollys, der haushälterischen Gefährtin des falschen Marquis, enthält es die Summe ihrer Erfahrungen. Sie wägt die Kosten einer Existenz, für die das Selbstverständliche nicht selbstverständlich sein darf, und kapituliert. Den Lebensstil des Hochstaplers bestimmt die Mühsal der Rekonstruktion fremder Lebensverhältnisse, und er weiß recht gut, dass ihre singuläre Simplizität ihn für immer von ihnen ausschließt. Die ungedeckten Wechsel bilden gewissermaßen das logische Rüstzeug einer abstrakt bleibenden Recherche. Daher enthält seine Gier nach gesellschaftlichem Erfolg einen Kern gewitzter Resignation. Die ebenso vulgäre wie kapriziöse Geliebte ist sein Geschöpf, an dem *er ganz allein* die Generationenarbeit von Besitz und Bildung zu vollbringen gedenkt. Schließlich soll sie märchenhaft Einzug in jene andere Welt halten, begafft und bewundert von allen, nach deren Anerkennung er in persona vergeblich hechelt. Der Glaube an die wundersame Verwandlung der Geliebten ist die Hinterlist eines Glücksverlangens, das mit seinen Illusionen auf völlig vertrautem Fuß steht. Vielleicht hat der reiche und skrupellose Jugendfreund Scholz doch nicht so unrecht, wenn er, absurd genug, hinter dem großspurigen Aktionismus Keiths den tätigen Lebensgenuss wittert, vielleicht ist der Hedonismus des Scheiterns, in dem sich das Lebensgefühl des Hochstaplers artikuliert, der einzig mögliche Hedonismus in einer Epoche, die sich aus der Dynamisierung aller Lebensverhältnisse den großen Wurf verspricht. Und wäre er es nicht: Er bliebe ihnen doch erhalten als Gegenfigur des Glücks, das sich in mediterraner Erholung bräunt.

5.

Die Fähigkeit des Hochstaplers, seine eigentliche Spezialität, besteht darin, durch Reden Realität zu erschaffen. Eine wundersame Realitätsvermehrung setzt ein, wann immer er seine Karten ordnet (er benützt Karten, Stempel etc. für viele Gelegenheiten), sobald er, gesammelte Verhaltung im Blick, eine Plauderecke ansteuert, gutmütig-verschwörerisch ein Vier-Augen-Gespräch beginnt oder allgemein geläufige Weltverhältnisse vor einem widerwillig gebannten Publikum in eine diffuse Matrix aus persönlichen Kontakten und daraus fließenden

Unter-der-Hand-Versicherungen transponiert. Er redet genießerisch, mit Aufwärtsbewegungen beider Hände. Keiner versteht es wie er, im Flug erhaschte Information strategisch bedeutsam ins Gespräch zurückfließen zu lassen, und ihnen den Charakter von langer Hand vorbereiteter Offenbarungen zu geben, ohne allzusehr ins Prahlerische zu verfallen. Die Unterredungen, von denen die anderen zu ihrer Arbeit zurückkehren, *sind* seine Arbeit, auf sie bereitet er sich umsichtig vor, sie sind die Droge, nach deren Genuss er in die Wesenlosigkeit zurückkehrt, diese Pause zwischen zwei Auftritten. Den äußersten Charme realisiert er in Gesprächen mit Vertretern des Geistes, denen er gelegentlich begegnet, und die er insgeheim – ihre geringere Weltläufigkeit abgerechnet – für seinesgleichen hält, obgleich er aus Erfahrung weiß, dass er gerade bei ihnen auf eine Reserve stößt, mit der zu leben er gelernt hat und die er mit einem Achselzucken abtut. Der Intellektuelle, erfahren in den Techniken der Konstituierung von Realität im Medium der Sprache und wissend um das schwierige Unterfangen, durch ein Verschieben der sprachlichen Kennmarken die Welt zu verändern, blickt mit einer Mischung aus Unsicherheit und Grauen auf den Hochstapler, dessen freihändig erzeugte Wirklichkeit hinter ihm spurlos vergeht, als habe es sie nie gegeben. Der Hochstapler ist für den Intellektuellen dasselbe wie der Clochard für den Bürger: Sie wissen im Grunde sehr genau, wie wenig sie von diesen da trennt – eine marginale Einbuße an Wahrnehmungsfähigkeit, eine leichte Instabilität, die der Selbstkontrolle entgleitet, ein charakteristischer Tick –: der Intellektuelle weiß es und hat dieses Wissen in die Überzeugung geflüchtet, die ihn inwendig leitet, seine Kollegen seien allesamt Scharlatane.

6.

Das Paradoxon des Zenon von Elea über den Wettlauf zwischen Achill und der Schildkröte, als Gleichnis genommen, verleiht der Figur des

Hochstaplers ein Maximum an ästhetischer Anschaulichkeit: So sehr gleicht er dem Athleten, dessen geballter Einsatz gerade hinreicht, um immer aufs neue die Distanz zwischen ihm und einem als unwürdig empfundenen Gegner zu durchmessen, ohne sie zu überwinden. Ein Grund liegt darin, dass wohl er mit ihnen, nicht aber sie mit ihm konkurrieren. Ihr gelassenes Vorankommen ist der Maßstab seines Irrsinns. Die Bewegung, die sie mitnimmt – für ihn uneinholbar –, der Gang der Dinge oder des großen Ganzen, sie lässt ihn aus, ganz als wäre er nicht vorhanden. Der heraklitische Satz, niemand steige zweimal in denselben Fluss, hat für ihn keine Gültigkeit – er durchquert den Fluss trockenen Fußes. Allzu leicht vergisst er, dass der Erfolg, ohne den er nicht existieren kann, seinen Preis hat, oder er vertraut darauf, nicht zahlen zu können, wenn es soweit ist, und darum ungeschoren davonzukommen, und er merkt keineswegs, dass der Neid der Zeitgenossen, in dem er gelegentlich badet, wenn er ihnen weit voraus zu sein scheint, nichts weiter bedeutet als ein modifiziertes Achselzucken vor dem Vergessen; man hat seinesgleichen öfters gesehen. Und das ist gut so. Denn sollte er es auch merken – die Spannung, unter der er sein Leben hinbringt, ließe sich keineswegs steigern, die Erkenntnis könnte ihm nichts weiter hinzufügen als den Entschluss zur Selbstvernichtung. Doch der Hochstapler hängt am Leben in eben dem Maß, in dem es sich ihm entzieht; er überlässt es anderen, seine Kartenhäuser zusammenzuwerfen. Wenn es denn geschieht, reagiert er in Wahrheit erleichtert, vermutlich umso erleichterter, je kräftezehrender und langwieriger der Versuch geriet. Den Mut des Selbstmörders stellt er unter Beweis, solange das Spiel dauert. Nachdem es aus ist, kostet es ihn ein Grinsen, den Schauplatz zu wechseln – mit einer angemessenen Abfindung in der Tasche, versteht sich. Keith ist mit den Usancen vertraut. Dieser Zug rechtfertigt schließlich auch das Vertrauen, das die Geschäftswelt immer schon in ihn gesetzt hat. Der erinnerungslose Blick nach vorn, der unzerstörbare Sinn für die Realitäten, damit lässt sich auskommen.

Die Waffen der Unschuld

7.

Das große Augsburger Stadtrecht aus dem Jahr 1276 räumt der Frau, die mit einer Vergewaltigungsklage vor Gericht geht, im Fall eklatanter Beweisnot die Möglichkeit ein, ihr Recht – buchstäblich – zu erstreiten: Falls niemand die Notzucht gesehen oder den Hilferuf der Frau gehört habe, der Beschuldigte ferner seine Unschuld eidlich versichere, steht es der Klägerin frei, den Beschuldigten zum Zweikampf zu fordern. Wie bekannt, gehören Zweikämpfe vor Gericht zum festen Bestand der mittelalterlichen Rechtspflege. Frauen, Unmündige, Greise, Lahme und geistliche Personen können, sofern sie auf dieses Mittel, Gerechtigkeit zu erstreiten, nicht verzichten wollen, einen Stellvertreter benennen, der für sie in den Ring tritt. Nicht so im Vergewaltigungsfalle. Was von der Frau am eigenen Leib erlitten wurde, muss auch ›mit ir selbes libe‹, mit dem eigenen Leibe, vor der Öffentlichkeit bezeugt werden. Klägerin und Beklagte, Opfer und Täter stehen sich im Ring gegenüber, dies allein gilt als zulässig.

Man muss das hohe Risiko sehen, das ein zum Zweikampf rüstender Kläger eingeht. Sollte er im Kampf unterliegen, so zieht er, gemäß einem noch intakten archaischen Rechtsempfinden, unweigerlich eben die Strafe auf sich, an deren Rand seine Klage den Gegner gebracht hat. Und die in Betracht kommenden Strafen sind, falls der Ausdruck als angemessen erachtet werden darf, empfindlich: Auf Vergewaltigung steht der Tod, das lebendig Begrabenwerden des Delinquenten (oder, falls die Klage abschlägig beschieden wird, der Klägerin). Differenzierter regelt das Freisinger Stadtrechtsbuch den Ausgang der Kraftprobe. Siegt der Mann, so ist der Frau die Hand abzuschlagen: »das ist darum gesetzt, dass nicht gewöhnlich ist, dass eine Frau einem Mann obsiegt.«

Der Punkt verdient zweifellos Beachtung.

»Ain weyb ist ein halber man«, heißt es im *Apollonius von Tyrland* des Heinrich von Neustadt, einem Versroman, der einen solchen Zweikampf schildert. Um diesem Umstand Rechnung zu tragen, hebt man inmitten des Gerichtsplatzes, auf dem der Kampf ausgetragen wird, eine Grube aus, tief genug, um den Beschuldigten bis an den Nabel stehend aufzunehmen, und hinreichend eng, »dass er sich um und um reiben möge«, wie die Freisinger Vorschrift lautet. Überdies richtet der Gesetzgeber sein Augenmerk auf die Art der zum Einsatz gelangenden Waffen. Bevor der Mann zur festgesetzten Stunde in die Grube steigt, empfängt er in die rechte Hand einen Stock von abgemessener Länge. Der Frau hingegen bindet man einen faustgroßen Stein ins Kopf- oder Brusttuch, ihr Kleid hat eng anzuliegen, so dass sie sich frei bewegen kann. Das Kampfziel ist fest umrissen: Gelingt es der Frau, durch einen gut geführten Schlag den Mann zu entwaffnen, so gilt er als überführt; im umgekehrten Fall ist er des Vorwurfs ledig. Wer unterliegt, ist gerichtet. Die Grube nimmt den Verlierer auf; er wird sofort in sie eingegraben. Die Vollstreckung duldet keinen Verzug.

Auch für den Zweikampf der Geschlechter gilt der Grundsatz allgemeiner Lehr- und Lernbarkeit. Hier wie andernorts besteht daher an Leitfäden zum Erfolg kein Mangel. So haben wir Nachricht von einem illustrierten Fechtbuch des 15. Jahrhunderts, geflossen aus der Feder eines »in dieser Kunst jedenfalls sehr unterrichteten Meisters« mit Namen Thalhofer. Die bildhaften Darstellungen unterschiedlicher Typen von Angriff und Verteidigung, zwischen denen die Kämpfenden wählen konnten, fügen sich zwanglos und anschaulich zu Stationen eines Kampfes, den es mit Johlen und Bangen zu verfolgen gilt: wie zu anderen Zeiten!

8.

»Die erste Abbildung zeigt uns Mann und Frau genau in der Kleidung, Bewaffnung und Stellung, wie sie das Augsburger Stadtrecht vorschreibt.

Über der Gruppe steht: *Da statt wie Mann und Frau mit einander kämpfen sollen. Und stand sie in dem Anfang.* Bei dem Manne stehen die Worte: *da statt die Frau frei und will schlagen und hat einen Stein in dem Schleier, wiegt vier oder fünf Pfund.*

Auf dem zweiten Bilde steht neben der Frau: *hier hat sie einen Schlag vollbracht*, neben dem Mann: *nun hat er den Schlag versetzt* (parirt) *und gefangen und will sie zu ihm ziehen und töthen.* Der Mann steht noch in der Grube; er hat den Schlag seiner Gegnerin so gut pariert, dass sich ihr Schleier um seinen rechten Arm windet; da sie nun ihre Waffe nicht aus der Hand lassen will, so läuft sie Gefahr, in die Grube gezogen zu werden.

Auf dem dritten Bilde steht neben dem Manne: *da hat er sie zu ihm gezogen und unter sich geworfen und will sie würgen.* Die Situation der Frau ist eine bedenkliche geworden. Der Mann steht noch immer in der Grube, die Frau liegt auf dem Rücken vor ihm ausgestreckt. Mit der linken Hand schnürt er ihr die Kehle zu, mit der rechten begegnet er dem Gebrauch ihrer Waffe.

Auf dem vierten Bilde steht über Beiden: *da hat sie sich aus ihm gebrochen* (losgemacht) *und unterstat* (versucht) *sie ihn zu würgen.* Es ist ihr gelungen, sich aus der Umklammerung des Mannes loszumachen, selbst über denselben herzufallen und mit ihrem linken Arm ihm die Kehle zuzuschnüren.

Die fünfte Gruppe zeigt uns den Mann zwar noch in der Grube, allein die Frau fasst ihn in halb knieender Stellung mit beiden Armen um den Hals und sucht ihn aus der Grube zu ziehen. Gelang ihr das, so sollte – so berichtet Thalhofer – der Mann als überwunden gelten. Oben stehen die folgende Worte: *hier hat sie ihn gebracht auf den Rücken und will ihn würgen und ziehen aus der Grube.*

Auf Figur 6 hat sich jedoch die Situation gänzlich zu Gunsten des Mannes geändert. Es ist ihm gelungen, sich von der Frau loszumachen, durch einen raschen, kühnen Griff seine Gegnerin zu fassen und kopfüber zu sich in die Grube zu stürzen. Daneben steht: *da hat er sie zu im gezogen und wirft sie in die Gruben.* Damit sollte die Frau für überwunden gelten. Ob dieselbe lebendig begraben oder auf andere Art hingerichtet wurde, ist nicht angegeben.

Die drei letzten Abbildungen zeigen uns eine Situation, in der die Frau schließlich die Oberhand gewinnt. Der Mann steht wieder, wie in Fig. 1 in der Grube, die Frau dagegen fasst mit der linken Hand die Kapuze des Mannes und holt mit der rechten zum Schlag aus. Das Übrige deutet die Überschrift: *als sie schlagen will, so ist sie ihm zu nah getreten, dass er sie ergreift bei dem Schenkel und wird sie fällen.*

Fig. 8 zeigt uns jedoch das Misslingen dieses Vorhabens. Denn während der Mann die Frau mit der linken Hand am Schenkel fasst und mit der rechten einen Kolbenschlag auf die Brust versetzt, hat sie ihren Todtschläger um seinen Hals geschlungen. Neben der Figur des Mannes steht: *so schlägt er sie vor die Brust,* neben der Frau: *da hat sie ihm den Schleier um den Hals geschlagen und will ihn würgen.*

In der Schlussfigur hat die Frau den Sieg davongetragen, indem sie mit dem rechten Arm den Hals des Mannes umklammert hält, mit der linken Hand dessen Genitalien fasst. Mit einem kräftigen Ruck wird sie den wehrlos gemachten Mann aus der Grube ziehen. Überschrift: *da hat sie ihn gefasst bei dem Hals und bei seinem Zeug und will ihn aus der Grube ziehen.*«

9.

Soweit die Beschreibung, die wir Christian Meyer verdanken. Dass die Frau den Sieg davonträgt, hat den Reiz des Unerwarteten. Wie der Anblick muskelharter, geölter Frauenkörper den modernen Fitness-Studios, so treibt das Schlusstableau dem pfiffigen Fechtmeister seine Kundinnen zu. Man mag über mittelalterliche Gerichtsordnungen denken, wie man will: Ist der Ernstfall erst eingetreten, kommt jeder Ratschlag zu spät. Hier wie überall gilt der Grundsatz der Vorsorge. Die

Stiche in Thalhofers Fechtbuch lassen von Fechtschulen träumen – ein wenig abseits der allgemeinen Plätze, um öffentliches Ärgernis zu vermeiden –, in denen durchtrainierte, sich der Begehrlichkeiten des anderen Geschlechts überdeutlich bewusste Frauen in ihren Mußestunden die Griffe üben, die es braucht, um immer wieder das ominöse Schlusstableau erstehen zu lassen, in dem sie ihn »bei dem Hals und bei seinem Zeug« gepackt hält, um als Siegerin – und *endlich* Gerächte – den Platz zu verlassen. Da wirkt auch der historische Hinweis keinesfalls störend, ein fleißiger französischer Gelehrter habe während des Ersten Weltkrieges die in tiefer Vergessenheit ruhende Geschichte aufgerührt, um die barbarischen Abgründe der Boches einmal aus ungewohnter Perspektive auszuleuchten. Als Waffe im Kampf der Kulturen will die wissenschaftliche Fußnote mit ähnlich vorlaufender Akribie geführt werden wie der Totschläger in der Hand einer auf alles gefassten Frau.

Anatomie eines Schriftstellers

10.

Zur Person

Anthony Ashley Cooper, dritter Earl of Shaftesbury, 1671–1713, zeitweilig aktives Mitglied beider Häuser des englischen Parlaments, Enkel eines der ersten Oppositionsführer großen Stils im angelsächsischen Parlamentarismus, Herr über die Bahamas und Miteigner von Carolina, illustrer Vorfahr eines Sozialreformers aus dem letzten Jahrhundert, dessen Name heute die Londoner Shaftesbury Avenue ziert, von früh auf kränkelnder Repräsentant der englischen Frühaufklärung, Anti-Empirist, Religionskritiker (unter ihren Verächtern, laut Lessing, »der gefährlichste, weil feinste«), ästhetischer Kopf, Philosoph, Landedelmann, intimer

Gegner John Lockes und heimlicher Freund John Tolands, dessen Buch *Christianity not mysterious* seinerzeit öffentlich vom Henker verbrannt wurde, Briefpartner Pierre Bayles und Pierre Costes, kommentiert von Leibniz und kopiert von Adam Smith. Auf einer ausgedehnten Kavalierstour auf dem Kontinent erwirbt er ein tiefes Misstrauen gegen die von Jesuiten verseuchten habsburgischen Metropolen und eine das Pathologische streifende Abneigung gegen das absolutistische Frankreich, diese »Macht des Bösen«, wie er sich ausdrückt. Durch das Emigrantenschicksal seines Großvaters in einer wohl angeborenen Ängstlichkeit bestärkt, pflegt er seine politischen Kontakte jenseits der Landesgrenzen mit konspirativer Akribie. Es ist die Zeit des spanischen Erbfolgekriegs. Eine schwache Gesundheit und ein bedenkliches Desinteresse an Frauen – vor allem letzteres – mobilisieren Familienängste. Selbst der alte Hauslehrer Locke hätte als Freund der Familie die eine oder andere gute Partie in petto – vergebens. Es sei wohl eines der bestgehüteten Geheimnisse der Götter, notiert der Earl auf einen der Bitt- und Mahnbriefe des Philosophen, wie man sich vor den Nachstellungen vulgärer Menschen retten könne. Ende gut, alles gut: Es kommt zur ersehnten Heirat. Ohne die Geburt des Stammhalters abzuwarten, entweicht der Todkranke, auf Linderung seiner Schmerzen hoffend und unentwegt die Leerseiten winziger Almanache mit einer langsam unleserlich werdenden Schrift bedeckend, ins Traumland Italien. Am 15. November 1711 trifft er in Neapel ein, wo er am 15. Februar 1713 um zehn Uhr morgens schmerzlos verstirbt.

Das nachstehende, dem Schweigen des Familienarchivs entwendete Dokument enthält, wie es einleitend heißt, den »anatomischen Befund, erhoben aus Anlass der Präparation des Leichnams des sehr ehrenwerten Earl of Shaftesbury zum Zweck der Einbalsamierung«; der so konservierte Leichnam gelangte als Schiffsfracht zurück nach Dorset, wo man ihn in der Dorfkirche von Wimborne St. Giles, der Begräbnisstätte der Shaftesburys, standesgemäß beisetzte. Ein schnörkelloser Bericht, geschrieben möglicherweise für den Hausarzt der Familie. Die kursiv gesetzten Partien geben Randnotizen des Originals wieder, Zusammenfassungen für medizinischer Terminologie Unkundige. Die moderne Diagnose dürfte auf Tuberkulose in fortgeschrittenem Stadium mit den üblichen Folgeerscheinungen lauten. Dies also steckt hinter der ahnungslosen Formulierung des oben zitierten Schreibers, eines literarisch ambitionierten Mannes, sein Herr sei keiner bestimmten Krankheit erlegen, vielmehr sei der Tod als Folge eines »vollkommenen körperlichen Verfalls« eingetreten, einer Erschöpfung aller Lebenskräfte im Alter von 44 Jahren. Es ist diese Ahnungslosigkeit des Schreibers, die uns die Augen öffnet und den Text schätzenswert macht, als Blick ins Innere des Schriftstellers; Einsichten ins Innenleben von Autoren sind immer gefragt. Der Aufklärer, das Innere und der Verfall: ein großes Thema, unausdenkbar und deshalb der Anschauung bedürftig; diese braucht Vorlagen.

Der Bericht

1

»Nach Entfernung der oberen Schädelteile sowie der Hirnhaut zeigte sich, dass die Gehirnrinde ungewöhnlich weich war. Die vier Ventrikeln enthielten flüssigen klaren Liquor, von dem auch das Groß- und Kleinhirn vollständig durchtränkt zu sein schienen.

Im gesamten Hirn fanden sich große Mengen einer klaren, dünnen Flüssigkeit.

2

Nach Entfernung des Brustbeins fand es sich, dass die Lungen an mehreren Stellen Eiter angesetzt hatten und beiderseits stark mit der

Pleura verwachsen waren. Die kräftigeren Bronchialäste machten einen beinahe verknöcherten Eindruck, auch die feineren zeigten sich von einer durchaus ungewöhnlichen Härte. Das Herz, vom Pericardium gesäubert (das eine große Menge Serum enthielt), besaß seine natürliche Größe. In der rechten Kammer fand man einen sehr großen Polypen. Aus drei flachen, in dem Ventrikelboden verankerten Wurzeln verband er sich zu einem sehr kräftigen, harten Körper von weißlicher Farbe, der sich über eine Länge von vier Inches in die Arteria pulmonalis hinein verfolgen ließ, wo er in ein weicheres Gewebe auslief, das in der Farbe an geronnenes Blut erinnerte. Als die Eingeweide aus dem Thorax entfernt waren, blieb eine reichliche Menge Wasser zurück, das allerdings weit dickflüssiger war als das im Gehirn gefundene.

Die Lungen fand man an mehreren Stellen verdorben, und die dortige Substanz von der gleichen Farbe wie diejenigen, welche Seine Lordschaft öfters aushustete. Im Herzen fand sich ein Gewächs, welches die Ärzte einen Polypen nennen, dieses war die Veranlassung für den häufigen kalten Schweiß und den unregelmäßigen Puls, von welchen Seine Lordschaft heimgesucht wurde. Gleicherweise entdeckte man in der Brust eine Menge Flüssigkeit, dicker und klebriger als die im Hirn vorgefundene.

3

Nach Öffnung der Bauchdecke ließ das Omentum nur noch Spuren von Fett erkennen, die Leber war ungewöhnlich groß, doch natürlich in Farbe und Gewebe. Bei näherer Prüfung fanden sich keine Schwellung, kein Geschwür und keinerlei Verhärtungen. Die Gallenblase war von normaler Größe. Allerdings enthielt sie, ebenso wie die Gallengänge, nur geringe Mengen Flüssigkeit. Einen durchaus gesunden Eindruck machte die Bauchspeicheldrüse, doch war die Milz extrem vergrößert und ihr Gewebe zersetzt. Ungemein groß waren auch die Mesenterialdrüsen. Die rechte Niere enthielt ein Geschwür, welches sich zum Becken hin öffnete und eine stark übelriechende Masse ausschied. Gesund wirkten Magen, linke Niere und Blase sowie die übrigen Teile des Abdomens. Als man es von den Eingeweiden gesäubert hatte, fand sich eine große Menge Wasser, nicht so flüssig wie das im Gehirn und nicht so viskos wie das im Thorax bemerkte.

Voll Wasser war auch das Skrotum, desgleichen die Gliedmaßen, vor allem Ober- und Unterschenkel, sowie die Füße.

Im Bauch fand man nichts Überraschendes, ausgenommen die Größe von Leber und Milz. Die rechte Niere hatte eine offene Stelle, aus welcher sich die Blase mit einer dicken, eklen Masse versorgte. Möglicherweise bewirkte diese den stark verfärbten, dicken Urin, welchen Seine Lordschaft oftmals unter großen Schwierigkeiten ließ. Gleicherweise bemerkte man auch im Bauch Flüssigkeit in großer Menge, doch war diese hier weder so dick wie die in der Brust entdeckte, noch so dünn wie die im Hirn wahrgenommene.«

Beschluss

»Dies vor allem«, so lautet die abschließende Notiz, »schien von der Präparation der Leiche zum Zwecke der Einbalsamierung mitteilenswert zu sein.« Es folgt die Angabe des Datums – »Neapel, den 18. Februar 1713« –, anschließend eine Aufstellung der für die Einbalsamierung verwendeten Substanzen, geeignet, unter Fachleuten ein anerkennendes Nicken hervorzurufen; die Leiche besitzt ihren Wert. Mitteilenswert ist das Berichtete wohl, und sei es nur, um dem Parallelismus von geistiger Biographie und Krankengeschichte nachzusinnen. Ein rastloser Sachwalter der Freiheit, immer bestrebt, den Fallgruben der zeitgenössischen Philosophie, Empirismus und Mystizismus, zu entgehen, ein Schreibtischverschwörer und rastloser Intellektueller, gewohnt, zwischen öffentlicher und privater Existenz paradoxe Zwischenlösungen zu praktizieren, die auf ein mehr oder weniger selbstgenügsames Intrigieren *in theoreticis* hinauslaufen, inmitten allerlei kryptopolitischer Aktivitäten in ästhetische Reflexionen verfallend, um diese sogleich, in einem Brief an den Drucker, vorbeugend als Vehikel der Politik in Zeiten der Unterdrückung zu denunzieren. Wann, bei welcher Gelegenheit, formt sich jenes Ödem, platzt, unbehandelt, dieses Geschwür, erreicht der Polyp im Herzen seine beeindruckende Größe? Man beachte die Inversion der bösartigen Floskel vom zersetzenden Intellektuellen. Dieser hier, ein Mann von unzweifelhaftem Format, zersetzt sich, in der Tat, von innen her. *Verlust der Mitte* – nun, das ist lange her.

Lektion über das Unsägliche

11.

Georg Trakl hinterließ, was die Kritik ein schmales Werk nennt: zwei Gedichtbände, eine Reihe einzeln – vornehmlich in der Innsbrucker Zeitschrift *Der Brenner* – veröffentlichter Gedichte sowie einen Nachlass, der, zum Entzücken der Germanistik, deutliche Einblicke in die Werkstatt des Dichters gewährt. Vor allem aber hinterließ er das dauerhafte Staunen seiner Bewunderer wie seiner Verächter über die kanonische Wertschätzung, die dieses Werk nach dem Tod seines Urhebers gewinnen konnte. Entstanden unter dem Druck privater Obsessionen, die aufzuhellen sich die Psychiatrie nicht ohne Erfolg bemüht hat, schien es wie zum Beleg der These geschaffen, dass unter den Bedingungen der Moderne die Allgemeinheit sich am ehesten in den Absonderlichkeiten gefährdeter Individuen wiedererkennt, denen es nur unter absurden Mühen gelingt, ihr brüchiges Selbst eine Zeitlang über die Runden zu bringen.

Merkwürdigerweise greift Trakl zu Formulierungen, die beinahe klingen, als seien sie im Vorgriff auf solche Überlegungen entstanden. Man schreibt das Jahr 1913, als er in einem Brief an seinen Gönner und Vertrauten, den *Brenner*-Herausgeber Ludwig von Ficker, mitteilt: »Ich sehne den Tag herbei, an dem die Seele in diesem unseligen von Schwermut verpesteten Körper nicht mehr wird wohnen wollen und können, an dem sie diese Spottgestalt aus Kot und Fäulnis verlassen wird, die ein nur allzu getreues Spiegelbild eines gottlosen, verfluchten Jahrhunderts ist.« Heute, im Rückblick auf das Jahrhundert, von dem da geredet wird, können solche Sätze nicht länger überraschen. Dennoch berührt es seltsam, einen zur Selbstpreisgabe – »(m)einetwegen und von Herzen auch durch Krankheit und Melancholie« – entschlossenen Sechsundzwanzigjährigen sich zum Ebenbild des erst wenige Jahre alten Jahrhunderts stilisieren zu sehen. Man möchte meinen, die Sentenz müsse genügen, um den Anspruch auf unser Gehör zu begreifen, den die Hinterlassenschaft dieses seltsamen Menschen erhebt. Aber machen wir es uns nicht zu leicht.

12.

»Er ist wohl kein Opfer des Krieges. Es war mir immer unbegreiflich, dass er leben konnte. Sein Irrsinn rang mit göttlichen Dingen.« Karl Kraus schrieb das, nachdem er vom Tod des Dichters erfahren hatte. Im Oktober 1914 war Trakl als Kriegsfreiwilliger im Sanitätsdienst zur Beobachtung seines Geisteszustandes in ein Krakauer Garnisonsspital eingewiesen worden und dort am dritten November an einer Kokainvergiftung gestorben. Dem privaten Nachruf des Kritikers korrespondiert der Eintrag des behandelnden Arztes ins Krankenblatt: »Nebenbei sei bemerkt, dass er in Zivil seinen Beruf nicht ausübt, sondern ›dichtet‹.« Beide diagnostizieren jene Lebensuntüchtigkeit, die sich im Versemachen kundtut. Wie auch immer es um die göttlichen Dinge bestellt sein mag, der Irrsinn des Dichters entfaltet sich im bürgerlichen Absturz. Es scheint daher einigermaßen konsequent, seine Dichtung als Umkehrbild einer im Sturz erfahrenen Welt zu lesen.

»Ich bin wie ein Toter an Hall vorbeigefahren, an einer schwarzen Stadt, die durch mich hindurchgestürzt ist, wie ein Inferno durch einen Verfluchten«, schreibt er an den Freund Erhard Buschbeck. Es fällt nicht schwer, das Erlebnisschema in seinen Versen wiederzufinden: »Aufflattern weiße Vögel am Nachtsaum / über stürzenden Dächern / Von Stahl.« Ähnlich leicht lässt sich die dunkel schimmernde Bilderwelt seiner Gedichte auf die gleitenden Halluzinationen des Süchtigen verpflichten: »Auf schwarzer Wolke / Befährst du trunken vom Mohn / Den nächtigen Weiher / Den Sternenhimmel.« Oder: »Verflucht ihr dunklen Gifte, / Weißer Schlaf!« Man glaubt zu verstehen, immerhin, und das ist nicht wenig. Andererseits weckt die Gier, mit der eine auf Informationen erpichte Nachwelt private Stigmata in den Mittelpunkt ihres Interesses rückt, Zweifel an der Lauterkeit ihrer Lesarten.

13.

»Unsäglich ist das alles, dass man erschüttert ins Knie bricht.« Er hat das wirklich geschrieben, man mag es kaum glauben. Der Dichter als Zeitzeuge, Formeln existentieller Erschütterung absondernd angesichts der Unsäglichkeit der Welt, die stets bemerkt, aber offenbar viel zu lange auf die leichte Schulter genommen wurde – eine Figur, wie erfunden für das Feuilleton der Jahre nach dem Zweiten Weltkrieg, in denen aus durchsichtigen Motiven Welt- und Sprachkrise zu einer Allianz genötigt wurden, die gerade so lange hielt, wie es der panische Affekt der schlecht und recht Davongekommenen erzwang.

Mit Trakl hatte das eher wenig zu tun. Das Unvermögen der Sprache, erschöpfend über die Dinge Auskunft zu geben, scheint nie ein ernsthafter Gegenstand seines Nachdenkens gewesen zu sein. Nicht das Medium Sprache beschäftigt ihn, sondern das, was in ihm obsessiv zur Darstellung drängt. Seine Visionen sind Entäußerungen: Objektivationen des Geistes, begleitet von dem Gefühl, allem preisgegeben zu sein. Écriture automatique? Will man seinen Versicherungen nicht glauben, so kann man am Nachlass verfolgen, wie sehr dieser Autor an seinen Texten feilt. Doch was heißt hier ›feilen‹? Es fällt nicht schwer, den Herausgebern der historisch-kritischen Ausgabe beizupflichten, die das fortwährende Um- und Überschreiben ›aleatorisch‹ nennen, also ›willkürlich‹ oder ›beliebig‹, weil in den Änderungen kein wirksames Prinzip erkennbar wird. Die Nichtverfügbarkeit der Objektwelt, von der die Gedichte sprechen, lässt offenbar kein begründetes Urteil über den dichterischen Arbeitsvorgang zu. Es ist, als verwende man alle Mühe darauf, einem Spieler in die Karten zu sehen, ohne zu begreifen, was gespielt wird. Nicht allein die Höhe des Einsatzes entscheidet schließlich über Gewinn und Verlust – auch dort, wo das Leben selbst auf dem Spiel stehen sollte –, sondern die Kenntnis der Spielregeln. Anders gesagt: Das Problem, das diese Dichtung aufwirft, liegt nicht im individuellen Lebensstoff, sondern in ihrem Anspruch, etwas Allgemeines gültig auszusagen.

Wirklich kreisen die wenigen überlieferten Äußerungen Trakls, die seine dichterische Verfahrensweise betreffen, um den Vorgang der Objektivierung, ohne ihn anders als in einem formalen Sinn fassen zu können. So schreibt er einmal: »Du magst mir glauben, dass es mir nicht leicht fällt und niemals leicht fallen wird, mich dem Darzustellenden bedingungslos unterzuordnen und ich werde mich immer wieder berichtigen müssen, um der Wahrheit zu geben, was der Wahrheit ist.« Auffällig an diesem Zitat ist die Vertauschung der Seiten: Was das Gros der Leser vermutlich für den schlechterdings subjektiven Raum dieser Dichtung hält, das begreift der Autor als objektive Sphäre. Die »heiß errungene Manier meiner Arbeiten«, ihre radikal subjektiv geformte Sprache, ist das Mittel, das er gewählt hat, um gänzlich objektiv zu sein. Und worin besteht diese ›Manier‹? In nichts anderem als der vollendet ›unpersönlichen‹ oder universellen Form. Ein Bündel von Widersprüchen also, die der Dichter – *Nur Narr! Nur Dichter!* – aufzulösen sich keineswegs bereithält.

14.

Von Heidegger stammt das Aperçu, in Wahrheit habe Trakl nur *ein* Gedicht geschrieben. Man ist versucht, ihm einen Namen zu geben. *Helian* zeigt den Dichter auf der Höhe seiner Möglichkeiten, ein epochales Gedicht, vergleichbar Valérys *Cimetière Marin* oder T. S. Eliots *The Waste Land*. Wie bei diesen greifen Auslegungen zu kurz, die sich nicht an der Tradition ›hoher‹ Lyrik orientieren: Es ist reiner Gesang. Man muss den Anfang *vernehmen*: »In den einsamen Stunden des Geistes / Ist es schön, in der Sonne zu gehn / An den gelben Mauern des Sommers hin.« Ein vollkommener Satz, aus dem sich als Echo ein zweiter löst: »Leise klingen die Schritte im Gras; doch immer schläft / Der Sohn des Pan im grauen Marmor.« Aus solchen Sätzen, in sich gleichermaßen bewegt und beruhigt, entsteht das Gedicht. Der Satz wird zum Maß aller Dinge. Klangkonfigurationen und Echowirkungen loten ihn aus. Sachte und stetig enthüllt die Versfolge Verwandtschaften zwischen den Sätzen und rundet sich in ihnen zur Einheit, ohne sie mit einem Sinn zu befrachten, der über sie hinauszielte. Manchmal scheint sich das rhythmische Ganze in einen einzelnen Satz zusammenzuziehen: »Schön ist der Mensch und erscheinend im Dunkel, / Wenn er staunend Arme und Beine bewegt, / Und in purpurnen Höhlen stille die Augen rollen.« An solchen Stellen hält das Gedicht inne. In die entstehende Stille hinein hebt es neu an, indem es vor- und zurückgreift, frühere Motive mit noch ausstehenden verflicht: »Zur Vesper verliert sich der Fremdling in schwarzer Novemberzerstörung, / Unter morschem Geäst, an Mauern voll Aussatz hin / wo vordem der heilige Bruder gegangen, / Versunken in das sanfte Saitenspiel seines Wahnsinns ...« Das wirkt reflexionsfern und ist von einer Bedachtheit ohnegleichen.

»I am not a demigod, / I cannot make it cohere«, heißt es belehrend in einem der späten *Cantos* von Ezra Pound. Damit verwirft er einen Imperativ, dem er, die Tradition im Blick, sich bis dahin verpflichtet geglaubt hatte: Der Dichter stiftet die Einheit der Welt. Bei Trakl gibt es einen solchen Bruch nicht. Wenn er sich über das Dichten äußert, dann erscheint an zentraler Stelle das Wort ›Chaos‹: »Was für ein infernalisches Chaos von Rhythmen und Bildern.« Im *Helian* wird der orphische Anspruch der Lyrik, das Chaos singend zu ordnen, ›zurückgenommen‹, wie das Thomas Mann beziehungsreich nennt. Trakls ›Vision‹ verdankt sich dem schwindelnden Blick auf eine Welt, in der sich nur mittels Trugbildern Zusammenhang herstellt. Die Aufgabe besteht darin, das Chaos im Gedicht zu restituieren. Das heißt nicht, dass das Gedicht zerfällt. Die Form des Gedichts ist die Form der Entäußerung, mittels derer das Negierte in der Negation noch einmal erscheint. »Am Abend versinkt ein Glockenspiel, das nicht mehr tönt, / Verfallen die schwarzen Mauern am Platz, / Ruft der tote Soldat zum Gebet.« Als negierter tönt auch der Gesang fort, und wenn es in dem Gedicht *Untergang* in einem vielleicht an Hölderlin gerichteten Vers heißt: »Unter Dornenbogen / O mein Bruder klimmen wir blinde Zeiger gen Mitternacht«, so kann man sich daran erinnern, dass der »gen Mitternacht« klimmende »blinde Zeiger« zwischen Mittags- und Mitternachtshöhe keinen Unterschied macht.

15.

Dass die rhetorischen Elemente der Sprache dazu dienen, seelische Wirkungen zu stimulieren und Erlebniszwitter entstehen zu lassen, ist ein Gemeinplatz. Hingegen gilt der Gebrauch elementarer logischer Formen – Negator, Allquantor – als unverdächtig, als Antidot gegen ungerechtfertigte Aufschwünge. Dabei wird gern unterschätzt, dass jede noch so leichte Betonung, jede signifikante Häufung dieses oder jenes sprachlichen Elements, jede geringfügige Verschiebung im verbalen Haushalt *erlebt* wird und emotionale Wirkungen entfaltet, die jenseits aller zweckmäßigen Verständigung liegen. Die Entdeckung, dass im Gebrauch der Negation die Möglichkeit beschlossen liegt, *eine Welt zu erzeugen*, vorausgesetzt, man entschließt sich, von ihr einen nicht alltäglichen Gebrauch zu machen - diese Entdeckung ist sehr wohl geeignet, das Staunen und die Verzweiflung eines Dichters hervorzurufen, der die magische Seite der Reflexion berührt hat, ohne zu wissen, welches Instrument er in seinen Händen hält. Einen solchen Dichter kann man nicht länger naiv und noch nicht reflektiert nennen; die Unvertrautheit mit den Mitteln und Wegen der Reflexion ist die Voraussetzung seiner Kunst und ihr Geheimnis. Wer es lüftet, fühlt sich auf seltsame Weise beschämt und aufgefordert, zu beteuern, damit sei ›im Grunde‹ nichts oder wenig über sie gesagt. Und doch ist alles darüber gesagt, *wie* eine solche Kunst möglich ist. Bleibt die Frage, warum sie entstand - in dieser Person, zu ihrer Zeit.

16.

In die späten Gedichte drängen sich Weltuntergangsphantasien. Wo die Reflexion nicht von der Stelle kommt, springt die Seherpose ein, schon bevor - seltsames Zusammentreffen - die Schlachthausszenen des beginnenden Krieges der Erregbarkeit des Dichters ihr letztes Sujet liefern. »Gewaltig ängstet / Schaurige Abendröte / Im Sturmgewölk. / Ihr sterbenden Völker! / Bleiche Woge / Zerschellend am Strande der Nacht, / Fallende Sterne.« »Novemberabend. / Am kahlen Tor am Schlachthaus stand / Der armen Frauen Schar; / In jedem Korb / Fiel faules Fleisch und Eingeweid; / Verfluchte Kost!« »Des Abends blaue Taube / Brachte nicht Versöhnung. / Dunkler Trompetenruf / Durchfuhr der Ulmen / Nasses Goldlaub, / eine zerfetzte Fahne / Vom Blute rauchend, / dass in wilder Schwermut / Hinlauscht ein Mann.« Das wird der Trakl einer kulturpessimistisch unterfütterten Literaturverehrung, die - zitierwillig und zitatsüchtig – den Katastrophen des Jahrhunderts das dichterisch überhöhte Wort hinterdreinschickt. Im Anachronismus finden beide Seiten scheinbar zu einander. Der Seher entlässt den zivilisatorischen Prozess, der seinen Anspruch aufzehrt, das Ganze zu deuten, mit einer Armbewegung ins Wesenlose. Unfreiwillig dementiert er damit die von ihm unternommenen Mühen, unter nicht begriffenen, doch deshalb kaum weniger zwingenden Bedingungen als Dichter zu bestehen. *Am Ende war nichts zu begreifen:* So verbirgt sich im weiten Mantel des *vates*, wie er recht gut sah, »doch immer ein armer Kaspar Hauser«, der überlebensgroß seine eigene Vorwelt erträumt: »Du, noch Wildnis, die rosige Inseln zaubert aus dem braunen Tabaksgewölk und aus dem Innern den wilden Schrei eines Greifen holt, wenn es um schwarze Klippen jagt im Meer, Sturm und Eis.«

Biograph des Imaginären

17.

Sein Ruhm ist ebenso unbestritten wie lautlos. Marcel Schwob zählt zu den Autoren, deren Arbeiten, unbeschadet ihres Alters, Entdeckungen sind und bleiben. Sie stehen, recht verstanden, jedermann zur Entdeckung frei. Die Umstände wechseln, der Grund ist immer derselbe. Diese Werke richten sich an einen bestimmten Lesertypus, dessen Zeit unwiderruflich abgelaufen zu sein scheint, den des Kenners. Nicht, dass er ausgestorben wäre; zweifellos existiert er in nicht wenigen Exemplaren fort. Repräsentativ für den Umgang mit der Literatur sind sie nicht. Im historischen Wandel vom Liebhaber der schönen Literatur zum Konsumenten, vom Kenner zum berufsmäßigen Kritiker und Wissenschaftler spiegelt sich der Untergang der Ästhetik. Der Kenner ist der Hohepriester des Geschmacks, das Gespräch der Kenner eins mit dem Ritual der Geschmacksfindung. Der Kenner als einzelner, als vereinzelt Urteilender ist eine Figur weniger der Moderne als einer von ihr zu unterscheidenden Gegenwart. Seine Lage ist paradox. Nicht weniger sind es die Werke, denen seine Existenz eine – wenngleich verschwindende – Chance gibt.

18.

Marcel Schwob, Pariser Schriftsteller der Jahrhundertwende, hat mit den heroischen Einzelgängern der Moderne wenig gemein. Seine Freunde sind zahlreich, ihre Anerkennung ist ihm gewiss. Alfred Jarry widmet ihm *Ubu Roi*, Paul Valéry seinen Leonardo-Essay. Guillaume Apollinaire weiß sich ihm verpflichtet. Anekdotisches fügt sich an: Durch ein Versehen des Druckers erscheint Valérys Widmung erst in der 2. Auflage, vierzehn Jahre nach dem Ableben des damit Geehrten. Die Dreyfus-Affäre bringt die Freunde auseinander. Marcel, jüdischer Herkunft, schlägt sich auf die Seite der *Dreyfusards*. Im übrigen kennt er keine Berührungsängste. Sein Vater, Isaac-Georges Schwob, ein angesehener Journalist, gibt eine Provinzzeitung heraus; der Sohn findet es selbstverständlich, seine Prosa an Zeitungen zu verkaufen. Das Publikum kann von ihr schwerlich schockiert gewesen sein. Es ist viel Fin de siècle in dieser Sprache, zuviel vielleicht. In kurzen Abständen erscheinen die Bücher: 1891 *Cœur double*, 1892 *Le Roi au masque d'or*, 1894 *Le Livre de Monelle*, 1896 *La Croisade des enfants* und *Vies imaginaires*, daneben Studien, Essays, Übersetzungen und Gedichte in Prosa. Er stirbt am 26. Februar 1905, achtunddreißigjährig, nach langwieriger Krankheit. Franz Blei übersetzt *Das Buch Monelle* ins Deutsche, eine Auswahlübersetzung aus den Werken erscheint in den zwanziger Jahren bei Jakob Hegner. Schwob findet Erwähnung. Der Fall ist exemplarisch. Aus ihm erfährt man etwas über das Schicksal des Geschmacks in diesem Jahrhundert.

19.

Die großen Einzelleistungen der Literatur verlangen nach Analyse, sie gehören auf den Seziertisch, sie suspendieren den Geschmack, bis er sich neu an ihnen formiert hat. Der Geschmack hingegen seziert nicht, er trifft seine Wahl. Ein Kenner bewegt sich zwischen Gegenständen, die ihm vertraut sind; die Neuheit, die ihn entzückt und bestimmt, verdankt sich der Eingebung eines Augenblicks, der vorübergeht. Die Ränder der Literaturgeschichte säumen Werke, die den Geschmack *eigentlich* hätten reizen müssen, aber den Augenblick verpassten, in dem sie seiner Aufmerksamkeit hätten gewiss sein können. Die Atomisierung des Geschmacks macht dieses Schicksal zur Regel. Dem restlos privaten Geschmacksurteil – zweifellos ein Extrem – entspricht eine unendlich beliebige Produktion. Gegen sie wappnet sich der isolierte Kenner mit historischem Wissen. Was seinem prüfenden Blick standhalten soll, darf nicht hinter das einmal Erreichte zurückfallen. Das stellt den an den Geschmack appellierenden Autor vor eine Aufgabe, die schwer zu lösen, aber noch schwerer zu präzisieren ist. Das Allerweltsbewusstsein, Kunst zu schaffen wie andere Künstler auch, darf ihm nicht genügen. Er soll die Geschichte der Kunst dadurch fortschreiben, dass er seine Vorgänger – nicht einzelne hier und da, sondern *alle irgendwie* – programmatisch übertrifft. Dadurch erhält das erst zu schaffende Kunstwerk einen Bezug zu aller Kunst - genauer, zu ihrer als Vorgeschichte gedeuteten Geschichte. Die Reflektiertheit der modernen Werke, die älteren Texten angeblich abgeht, stellt diesen Bezug zur Schau: *Seht her, die Auflagen sind erfüllt.* Sieht man näher hin, so findet man selten mehr als philologisch gestützte Besserwisserei. Daher rührt das merkwürdige Phänomen, dass Autoren, die für den Geschmack arbeiten, sich leidenschaftlich am Leitfaden einer Theorie durchs Leben hangeln. Das Publikum hat gelernt, dergleichen zu akzeptieren, ohne die Zusammenhänge zu begreifen.

20.

Als »vies de certains poètes, dieux, assassins et pirates, ainsi que de plusieures princesses et dames galantes« wurden Schwobs *Vies imaginaires* dem Publikum angekündigt, als sie der Autor 1894 in loser Folge publizierte. Spätestens die Buchfassung machte deutlich, dass sie sich keineswegs an den Geschmack schlechthin, sondern schlechthin an den *erlesenen* Geschmack wenden. Ersterer wäre, zumindest tendenziell, jedermanns Geschmack, Publikumsgeschmack. In letzterem zieht sich der Kenner naserümpfend vom Publikum zurück, ohne dem Gedanken Raum zu geben, dass man ihn nicht vermisst. Schwob schließt das Publikum keineswegs aus. Er hält es auf Distanz. Zwischen dem Autor und den wenigen, die ihm zu folgen vermögen, besteht ein Einverständnis, das sich erst auf den zweiten Blick erschließt. Die Theorie dient als Instrument dieses Einverständnisses. Sie bildet eine unsichtbare Trennwand zwischen dem Mysterium der Texte und ihren profanen Bewunderern. Wer in das Geheimnis einzudringen wünscht, tut gut daran, mit ihr zu beginnen.

21.

Das Vorwort zu *Vies imaginaires* handelt von einem vertrauten Thema. Es beschreibt die gegensätzlichen Verfahrensweisen der Geschichtsschreibung einerseits, der Kunst andererseits. Im Mittelpunkt der Überlegungen stehen die Kunst der Biographie, der Künstler als Biograph. Schwobs Umgang mit Autorennamen erinnert an Diskussionen des siebzehnten und achtzehnten Jahrhunderts. Er kennt die ›Alten‹ (von denen er Athenäus, Aulus Gellius, die Scholiasten, Diogenes Laertius nennt) und spricht von den ›Neueren‹: Aubrey und Boswell. Sie alle haben, Schwob zufolge, eines gemeinsam: In ihren Werken geben sie Kostproben einer erst noch zu realisierenden Kunst. Sie sind, wie könnte es anders sein,

Vorläufer dessen, der hier und jetzt sein eigenes Werk auf den Weg bringt. Die Grundfrage der alten ›Querelle des Anciens et des Modernes‹, ob es gelingen werde, die Vorgänger in ihren eigenen Leistungen zu übertreffen, hat ausgedient. Schwob liegt es fern, ›modern‹ sein zu wollen. Im Mittelpunkt seiner Überlegung steht eine einzige Frage: Wieweit haben all diese Autoren begriffen, worauf es ankommt – nicht in dieser oder jener, sondern in der Kunst der Biographen schlechthin? Das Wissen darum, worauf es ankommt, ist apodiktisch. »Le biographe, comme une divinité inférieure, sait choisir parmi les possibles humains, celui qui est unique. Il ne doit pas plus se tromper sur l'art que Dieu ne s'est trompé sur la bonté. Il est nécessaire que leur instinct à tous deux soit infaillible.« Der unfehlbare Instinkt des Künstlers ist, so scheint es, der Instinkt des Nachgeborenen, der die Geschichte in Besitz nimmt und keine weitere Instanz neben sich duldet.

22.

Die Geschichtswissenschaft, bemerkt Schwob, befasst sich mit dem Allgemeinen, die Kunst will das Einmalige. »Il ne classe pas; il déclasse.« Das ist nicht neu. Aber es enthält einen Affront gegen die gesamte europäische Tradition, ganz, als könne man sie unbesehen über den Leisten der aristotelischen Poetik schlagen. Folgerichtig verweist Schwob auf außereuropäische Muster. Er steht damit nicht allein. Der Japaner Hokusai, von dem er bemerkt, er verfüge in seinen Holzschnitten über die Kunst, zu der sich der Biograph erst noch verstehen müsse, galt als die Autorität der Saison. Auch darin lag nichts Neues. Seit jeher liebt der Geschmack die Ausflüge ins Exotische. Am Ende findet die Vorliebe für das Einmalige ihren Grund in der Natur des Geschmacks selbst. Die scheinbar grundlose Sicherheit des Geschmacksurteils entspringt der Selbstsicherheit des Urteilenden. Wer Geschmack hat, muss nichts beweisen, sein Auftritt gilt als Beweis. Die forcierte Individualität des Betrachters verlangt nach der individuellen Behandlung des Sujets, schließlich nach seiner Einmaligkeit. Auf dem Weg in die selbstgewählte Isolation wünscht der Kenner am Kunstwerk jede Erinnerung an Allgemeinvorstellungen getilgt. Der willfährige Künstler beteuert, gerade hierin liege das Geheimnis seiner, das heißt aller Kunst.

23.

Früher oder später begegnet der diskrete Liebhaber des Schönen mit einer Beiläufigkeit, die das Unausweichliche einer Pointe besitzt, seinem Gegenpart, dem Mörder, dessen Verschwiegenheit den schreienden Ausdruck seiner Untat sinnreich ergänzt. Der Autor, der mit der Maske des Mörders hantiert, erreicht damit zweierlei. Zum einen kann er ungeniert alle Handgriffe zeigen, deren Geheimhaltung ihm sein Metier üblicherweise auferlegt. Zum anderen darf er, da der unendliche Abstand der ehrbaren Leser zum Abschaum, der sich da tummelt, von vornherein nur eine ironische Kenntnisnahme gestattet, ein Spiel halb verdeckter Identitäten beginnen, das im gemeinen Leben rasch das Aussehen einer ausgeklügelten Rache annähme. Die Herren Burke und Hare, Mörder von Profession (wie der Untertitel der gleichnamigen Erzählung lakonisch anmerkt), besitzen ein goldenes Händchen: Sie machen die von ihnen produzierten Leichen umstandslos zu Geld. Als Kenner firmiert ein ehrenwertes Mitglied der medizinischen Akademie von Edinburgh mit dem sprechenden Namen Doktor Knox. Er zahlt zwar nicht jeden, doch jeden statthaften Preis für die Vermehrung seiner anatomischen Kenntnisse, von denen sein Ruf unter Kollegen nicht unwesentlich dependiert. Zwischen den Herren Mördern sind die Rollen verteilt. Burke, die Künstlernatur, findet in Hare, dem Gehilfen, den ersten und lange Zeit einzigen Zeugen, der die Subtilität seiner Vorgehensweise zu würdigen weiß. Das Genie Burke komplimentiert ihre ahnungslosen, auf den Londoner Straßen aufgelesenen Kandidaten in die gemeinsame Wohnung. Nachdem er sie in einer jedes schickliche Maß übersteigenden Weise über die mitteilenswerten Begebenheiten ihres Lebens ausgeholt hat, besteht Hares Aufgabe darin, den Opfern auf immer den Mund zu verschließen. Später verzichten die beiden in einer Eingebung, die der Erzähler ›genial‹ nennt, ganz auf das Vorspiel. Eine mit Pech gefüllte, zweifellos tragische Maske, auf das Gesicht eines zufällig vorbeikommenden Passanten gedrückt, zieht die ausfernde Erzählung und ihr abrupt herbeigeführtes Ende in einen Akt zusammen. Hier spricht der distanzierte Liebhaber der zeitgenössischen Literatur – angesichts der Leichen im Keller des Doktor Knox zeigt sich Diskretion als Indiskretion höherer Stufe.

24.

Leicht könnte ein unaufmerksamer Leser dem Irrtum verfallen, das Vorwort der *Vies imaginaires* rede einer Kunst der Anekdote das Wort. Doch die Erzählungen selbst geben dem Anekdotischen keinen Raum. Allenfalls streifen sie es hier und da. Allerdings ist ihr Witz dem der Anekdote verwandt: Er trifft ohne Ansehen der Person. Die Anekdote charakterisiert durch Ähnlichkeit, die über das erträgliche Maß hinausgeht. Im anekdotischen Helden erglänzt ein Charakter, den jeder kennt. Schwobs Lebensbilder werfen ähnliche Schlaglichter. Das biographische Material – überliefert von hilfreichen Untergöttern, wie der Autor gönnerhaft bemerkt – leuchtet ein, sobald der selbsternannte Künstler-Demiurg sich in ihm spiegelt. Vom zwielichtigen Gott Empedokles über die leidenschaftliche Clodia bis zum Gespann Burke und Hare steigert sich die Bizarrerie der porträtierten Lebensformen durch ein Ingrediens von Künstlertum. Deshalb ist MM. *Burke et Hare* das Schlussstück der Sammlung. Im Nachruf auf das rühmliche Mörderduo betreibt der Erzähler als Komplize seiner Figuren die Umwandlung der tragischen Erschütterung in eine des Zwerchfells. Der schlichte Vorgang des Mordens (in Wirklichkeit, wie wir belehrt werden, ein Geschehen von äußerster Eleganz und Klarheit) ersetzt die Tragödie durch ihr Resultat und überantwortet sie dem Gelächter, dessen Preis der Strick ist, an dem stellvertretend der Mörder baumelt. Der Täter als ästhetischer Frondeur – vor hundert Jahren ein kommendes, inzwischen ein verbraucht wirkendes Thema.

Schwob kennt andere: In der Geschichte des altrömischen Erzählers Petronius, der sich unter die plebejischen Gestalten seiner Einbildungskraft mischt, um das von ihm entworfene Leben auch selbst zu führen, sucht der Künstler das Weite, ohne seinem Double zu entkommen. Nirgends weiß er den Leser, erst Sklave, dann Spießgeselle, treuer an seiner Seite. Vielleicht ist dies die entscheidende Volte: Für einen historischen Augenblick mutet der Autor dem erlesenen Geschmack zu, jedermanns Geschmack zu sein. Er begegnet dem Leser, als wäre er seinesgleichen. Der Leser dankt, gerührt.

Land der Frösche

25.

Die *Venetianischen Epigramme* verdanken ihre Entstehung dem Effekt, den die Psychologen ›double-bind‹ nennen. Am 13. März 1790 reist Goethe von Jena ab, um die Herzogin-Mutter Anna Amalia auf ihrer Rückreise aus Italien zu begleiten, die Reise kommt ungelegen, mehr noch der Aufenthalt in Venedig, der sich unerwartet von Ende März bis in die zweite Maihälfte hineinzieht, da sich die Ankunft der Herzogin-Mutter verzögert. Unwirsch mustert der kurz zuvor unvermutet häuslich Gewordene, der dem Herzog brieflich seine Neigung zu dem zurückgelassenen »Erotio« Christiane Vulpius und zu dem »kleinen Geschöpf in den Windeln«, Sohn August ist da gemeint, wie eine unter Freunden zu respektierende sonderbare Verstrickung gesteht, seine Umgebung: »Übrigens muss ich im Vertrauen gestehen, dass meiner Liebe für Italien durch diese Reise ein tödlicher Stoß versetzt wird.« Der Dichter ist also indisponiert, doch diese Indisposition wird zur Grundlage des *Libellus Epigrammatum*, auch wenn einzelne Epigramme der späteren Fassung erst nach der Reise zur Niederschrift gelangen: »Es sind dieses Früchte, die in einer großen Stadt gedeihen, überall findet man Stoff und es braucht nicht viel Zeit sie zu machen.« Die Epigramme sind städtische Poesie, Tagespoesie im antikisierenden Gewand, den Institutionen des amphibischen Stadtstaates mit gleich respektloser Aufmerksamkeit begegnend wie den revolutionären Ereignissen in Frankreich, der aktuellen Wissenspublizistik oder dem Kneipen- und Liebesleben der Seestadt. Gegenständen also, die ebenso prosaisch anmuten, wie sie klassischer Kunstübung fernständen, gäbe sie nicht die Mutter der Musen ein, die machtvolle Göttin aller Großstadtpoesie: »du kamst mich zu retten / Langeweile! du bist Mutter der Musen gegrüßt.« Unter dem Zwang der Verhältnisse entspringt Dichtung dem ennui, zum Zeitvertreib.

26.

»Gedenke zu leben!« Der Wahlspruch, dem Wilhelm Meister im *Saal der Vergangenheit* begegnet, er scheint in den Überresten römisch-etruskischer Grabkunst ein überwältigendes Echo aus der Vergangenheit zu erfahren. Auf das ›Memento mori‹ und die Flucht bestürzender, das klassisch empfindsame Gemüt zu Abscheu und Abwehr treibender Bilder christlich-barocker Todesbetrachtung, die es heraufruft, antworten sie mit Szenen einer bacchantisch verzierten Lebenskunst, in denen, will man dem Dichter glauben, die Fülle den Tod des Nichtseins überführt und also überwältigt. Der kaum sichtbare Riss zeigt den – bei aller Derbheit – fragilen Charakter des Buches an. In der Lust, die das Banale feiert und das Fallende artig im Gleichgewicht hält, zeigt sich ein stilles Todesgedenken. »Warum treibt sich das Volk so, und schreit? Es will sich ernähren, / Kinder zeugen, und die nähren, so gut es vermag.« Die Marktszene – Sinnbild des unaufhörlichen Stoffwechsels, unter dem der mit Krämerweisheit hausierende Dichter das Leben der Anschauung nähert. Die Lektion gilt dem einzelnen, der darauf besteht, *mehr* zu sein. »Weiter bringt es kein Mensch, stell' er sich, wie er auch will.« Der Sprechende lässt allerdings kaum einen Zweifel daran, dass das Bad in der Menge lediglich ein transitorisches Behagen vermittelt, und dass er selbst, ein nur flüchtig und gleichsam gegen seine innerste Überzeugung Festgehaltener, ansonsten die erhöhten Standorte bevorzugt. Der Dichter, versteht sich, passiert als Reisender, ein Herr, der mit kuriosem Befremden den Straßenkot an seinen Stiefeln mustert und daran weltläufige Bemerkungen knüpft. In solcher Stilisierung liegen Reiz und Gefahr beieinander. Wie eng, das verraten die erotischen Epigramme, in welchen hinter der Attitüde des Hochgeborenen, der sein Vergnügen bei den unteren Volksschichten findet, altrömische Dichterpose sichtbar wird. Allenthalben erwartet man die augenzwinkernde Beteuerung des Horaz, im Verkehr mit den Damen der ehrenwerten Gesellschaft keineswegs die Grenzen der Moral verletzt zu haben. Und vielleicht gibt die Tatsache, dass es fehlt, dass es in dieser Poesie fehlen darf, weil sie es ohnehin voraussetzt, mehr als anderes der Vermutung Raum, dass sich Goethe hier an den Rändern nicht so sehr des guten Geschmacks als vielmehr dessen bewegt, was den lesenden Zeitgenossen der Revolution ideell vertretbar erscheinen mochte.

27.

Satura tota nostra est: In Goethes latinisierendem Klassizismus findet der Hinweis Quintilians auf den altrömischen Ursprung der Satire einen entfernten Reflex. Die Verpflichtung der Epigramme auf Aktualität, auf prosaische Zeitgenossenschaft ist nicht zuletzt durch das antike Gattungsvorbild gegeben. Neben Martial, dem Goethe die Form des satirischen Epigramms entlehnt, ist erneut an Horaz zu denken. »Haec ego mecum / Compressis agito labris; ubi quid datur oti, / Illudo chartis.

Hoc est mediocribus illis / Ex vitiis unum.« Die Verse sind dem Buch in Schillers Musenalmanach für 1796 noch als Motto vorangestellt. Sie charakterisieren den Satirenschreiber als Privatmann, der in einsamen Mußestunden die eigenen Fehler aus denen der anderen buchstabieren lernt und dergleichen gelegentlich – kein Gedanke ans Publikum! – auf der Schreibtafel festhält. Das Bei-sich-selbst-Verweilen des Autors sichert seine Unbestechlichkeit als Satiriker und schützt ihn vor dem Vorwurf übler Nachrede oder Schlimmerem. Goethe umspielt den horazischen Topos im Bild des freudverlassenen, sich dem Traumland auf holprigen Wegen entziehenden, ganz auf Erinnerung angewiesenen Dichters. Auch Distanz zum Vorgänger wird darin sichtbar: Erst die hinter ihm versinkende Welt löst dem Spätgeborenen die flinke Zunge, befreit – so könnte man wohl hinzufügen – seine Einbildungskraft von der lähmenden Gegenwart ihrer Gegenstände.

Erhalten bleibt das Zweideutige der Gattung, die vorgibt, sich an ein intimeres Publikum als das erreichte zu wenden, und ihre gewollten Indiskretionen dem unbotmäßigen Leser zur Last legt. In der Pose des Privatmanns probt der Satiriker, wie weit er in aller Öffentlichkeit gehen kann; in der des Satirikers erkundet der Privatmann Öffentlichkeit als den Ort, an dem sich das Private bei skandalträchtigen Gelegenheiten zu zeigen beliebt. Die Satire verweist auf das Zumutbare, und sie bleibt harmlos, solange sie die Grenzen der Zumutung nicht überschreitet. In dieser Hinsicht gehören zu den 1795 veröffentlichten Epigrammen die unterdrückten, später dem Nachlass zugeschlagenen, als ihr anderer, vielleicht besserer Teil hinzu. Dass in dem einmal angeschlagenen Ton einiges über das in kluger Selbstbeschränkung Mitgeteilte hinaus zu sagen übrigblieb, dass sich das Mitzuteilende nicht an den Grenzen des Mitgeteilten erschöpfte, konnte der zeitgenössischen Leserschaft keinen Augenblick lang verborgen bleiben. So verrieten die als unbedenklich freigegebenen Stücke vielleicht weniger über den anonym bleibenden Verfasser als über die Bedenken und Bedenklichkeiten, die bei der Freigabe im Spiel gewesen sein mochten, und es waren nicht die unaufmerksamsten Leser, wie Wilhelm von Humboldt, die das Spiel des Sichtens und Wägens gern noch etwas weiter getrieben hätten. Zote und Invektive, huldvoll hexametrisiert, bilden die hässliche Froschgestalt, die erst verschwinden muss, ehe das große Publikum den Prinzen zu küssen wagt. Ein Effekt, den eines der unterdrückten Gedichte im voraus bedenkt: »Unglückselige Frösche die ihr Venedig bewohnet! / Springt ihr zum Wasser heraus, springt ihr auf hartes Gestein.«

Casanova Etüden

28.

Dem Greifenden ist meist Fortuna hold. – 1725, den zweiten April – als hätte der erste um jeden Preis vermieden werden müssen – in Venedig geboren, aufgewachsen, in Padua zum Doktor beider Rechte promoviert, Dichter, Abbé und Lebemann, erste Reisen nach Korfu, Konstantinopel, Rom, Neapel, Mailand, Genf, Prag, Dresden, Wien – der kleine Zyklus, Fahrten, die stets an ihren Ausgangsort zurückführen, die Mitte, Venedig, das Maß – bis er sich eines Nachts, nicht ganz zwanglos, zu einer anderen Fahrt entschließt, zur Reise ins Innere der Biberrepublik, an ihr heimliches Zentrum: Am 25. Juli 1755 befindet sich Giacomo Girolamo Casanova – beklommenen Gemüts, wie er später schreibt, und wir haben, so versichern uns jedenfalls neuere Biographen, kaum jemals Grund, an seinen Worten zu zweifeln – auf dem Weg in die Bleikammern, das Staatsgefängnis, denunziert als der, der er ist und wohl einiges mehr. Als er es knapp eineinhalb Jahre später – von selbst gefertigten Spießen, gereimten Kassibern, dummboshaften Helfern und tölpelhaften Aufsehern geht da die Rede, von durchbrochenen Dächern, gigantischen Leitern, abergläubischem Schnickschnack, schier übermenschlichem Einsatz und, wie anders, von nichtsahnend-erbarmungsvollen Frauenhänden – auf ungewöhnlichen Wegen verlässt, ist ein Mythos geboren, und der fortan, unermüdlich die Karrenfurchen und Schlaglöcher der Alten Welt erprobend, die Länder Europas wie Beinkleider wechselt, weiß, dass die Empfehlungsschreiben und Schmähbriefe, diese fliegenden Blätter des Ruhms, schon bereitliegen, wohin er sich immer wendet: ein Emigrant, der auf die Institutionen seiner Vaterstadt nichts kommen lässt, ein lebendiger Garant überdies für die Richtigkeit seiner Botschaft, dass die Welt keine Mauern hat, den einzelnen, der weiß, was er will, und der die Gelegenheit zu ergreifen versteht, an der Ausführung seiner Pläne zu hindern – die Frauen vor allem hören es gern, und die Wissenden schweigen. Ein Emigrant aus der Reihe derer, die, unter den Bedingungen des Exils, sich ihrer Provinzialität zu entledigen wissen um der Durchführung der Person willen – »vorausgesetzt, man beginnt rechtzeitig und hat eine feste Konstitution.«

29.

Doch unten hin die Bestie macht mir Grauen. – Paris und Bern, Avignon, Nizza, Marseille, Genua und Wolfenbüttel, London, Berlin, Warschau, Köln, Petersburg und Madrid, Saragossa, Montpellier, Wien – überall Beziehungen; glanzvolle Auftritte, Triumphe und Ausweisungen. Ein solches Leben muss ein Geheimnis bergen, muss seine Hintergründe haben, weil es soviel Vordergrund bietet. Welchen anderen Zweck verfolgt also wohl, neben dem der Selbstdarstellung, jene monumentale *Histoire de ma vie*, die erotische Lebensbeichte, als den, beiläufig abzulenken von den obskuren Geschäften, den geheimen Aufträgen und verschwiegenen Dienstleistungen, den großen Intrigen und kleinen Machenschaften, Stationen einer Karriere im Verborgenen, im Schatten der Mächte, deren Effizienz er an sich so eindrucksvoll hatte erfahren dürfen? Ein Libertin auf Abruf, sozusagen. Man muss nur die Proportionen zurechtrücken, die

Hinweise dechiffrieren und die Gerüchte, die ihn umgeben, als Teil des Rufs nehmen, der ihm vorauseilt und die Großen und Halbgroßen wissen lässt, an wem sie sind, welche Art von Umgang mit ihm sich empfiehlt, von geschäftlichem Umgang, so wie man mit Pfandleihern verkehrt. In der Tat: sein stets wacher Blick, seine Menschenkenntnis, seine Umarmungstaktik, sein moralisch-technisches Geschick, seine sozialen Vorlieben – schwer zu entscheiden, in welchen Kreisen er sich lieber aufhält: unter Leuten von Stand oder solchen, die sie mimen –, dies alles, zusammengehalten mit seinen unbestreitbaren, grenzüberschreitenden Erfolgen, qualifiziert ihn, vor jeder bestimmten Handlung, zum Spion in einem Jahrhundert, klatschsüchtig und geheimniskrämerisch, universal und sesshaft wie das seinige. Ganz außer Zweifel ist die Aura des Zweifelhaften, die ihn umgibt und die selbst das Unbezweifelbare durchtränkt, sein Format. Der Ruf dieses Mannes ist sein Charakter. Zwischen den Ochsenkarren der Händler, Schaustellerfuhren und gelegentlichen Equipagen die eigenen Mittel von Poststation zu Poststation überschlagend, reiht er sich in den nie versiegenden Strom aus dienstfertigen Militärs, skrupellosen Abenteurern und undurchsichtigen Agenten, der die Residenzstraßen des alten Europa wässert und die Häuser der Mächtigen netzt, ein Mann des Zwielichts. Schließlich, so haben wir ihn am liebsten: mutig und beschlagen, häufig im Unklaren über das Gewicht seiner Erkenntnisse, präzise und anmaßlich, den abenteuerlichen Zug seiner Erkundungen eitel herausstreichend, wirkliche Gefahr dabei eher wegwerfend behandelnd, stets suggerierend, im Mittelpunkt der Ereignisse gestanden zu haben, ein Spion, unserer vielleicht, seiner Zeit, Freund oder Feind?

30.

Wenn er dir steht, so hast du's weit gebracht. – Seine Moral ist die seiner Zeit, und dieser Gemeinplatz hört auf, einer zu sein, sobald man sich klarmacht, dass es tatsächlich eine Moral der Gemeinplätze ist, in der er sich sanft und sicher bewegt, eine Moral, wie sie die Spatzen von den Dächern schreien – und er hat ein waches Ohr für derlei Geschrei –, eine Moral, in der es Tölpel und Intriganten, Narren und Weise, Verführer und Verführte, Aristokraten und Gauner gibt, auch Weltflucht, gewiss, doch nicht jenes einwärts gekehrte Sich-in-sich-selbst-Fühlen des isolierten Gemüts, das jeden Augenblick ein moralisches Universum postuliert, weil ihm das natürliche abhanden gekommen ist – eine Moral ohne Moralität, dieses Markenzeichen des bürgerlichen Zeitalters. Die moralische Defizienz des Wirklichen ist kein Gedanke, der Casanova beunruhigt, er kennt ihn nicht und wüsste mit ihm nichts zu beginnen. Seine Beutezüge gelten dem Status quo, der noch zu seinen Lebzeiten zum Status quo ante wird: In ihm sammelt sich die Weltkenntnis des Ancien régime, um in einer nutzlosen, doch lustvoll überlieferten Anstrengung zu verpuffen. Über die Französische Revolution spricht er nie anders als über ein verdammenswertes Verbrechen, sie liquidiert seine Moral. Gleichwohl gehört er zu den Gestalten, welche die Irritationen einer neuen Epoche in die alte Gesellschaft hineintragen. Der Kavalier, der Spieler, der homme de lettres sind Vermummungen des Erfolgsmenschen Casanova, der seine Erfolge der Spezialisierung verdankt, einer Tugend im Werden. Wenn, nach dem Urteil eines späten Liebhabers alteuropäischer Adelsethik, es den Aristokraten vom Bürger unterscheidet, dass man fragt, was er ist, und nicht, was er kann, so trifft das den Nichtbürger Casanova, der zu sein prätendiert; was er kann, steht außer Frage, gerichtsnotorisch sind die Zweifel an seiner schillernden Existenz. Zum Dubiosen, das ihn umgibt, gehört der alchimistische Hokuspokus, der seine Opfer einlullt und ihm die Taschen füllt – hier plündert er Restbestände eines älteren Wissens, eines älteren Wissenschaftstypus. Vorausdeutend sind seine medizinischen Kenntnisse und der fulminante Gebrauch, den er von ihnen macht: »Ich fühlte mich immer für das andere Geschlecht geboren, daher habe ich es immer geliebt und mich von ihm lieben lassen, so viel ich nur konnte.« Der Satz enthält das naive Selbstporträt dessen, der mit seiner Begabung ernst gemacht hat. Das Studium des Körpers geht dem Studium der Körper voraus. Der Spezialist erkundet seinen Gegenstand und prüft seine Instrumente.

31.

Gern biss' ich hinein, doch ich schaudre davor. – Das ländliche Milieu, Grafen und Gräfinnen, hält die Topoi des Liebesspiels schon bereit: Eine Pächtersfrau, neuvermählt und, wenn man's glaubt, auffallend durch ihren Mangel an sozialer Intelligenz, über die Casanova nichts geht, erregt die Neugier des Siebzehnjährigen; ein sachkundiges Publikum applaudiert und ermuntert, nur die Schöne versagt sich; gleich schwillt der Kamm, wird der Verfolger zum Verfolgten. Die Heimfahrt von einer Lustpartie, aufziehendes Gewitter, weibliche Hysterie und entschlossenes Zugreifen, flüchtig als Galanterie getarnt, entscheiden das Spiel zu seinen Gunsten. Es ist sein Gesellenstück. Später wird die Sache leichter, doch auch gefährlicher: von einem Casanova verlangt man, dass er Erwartungen erfüllt, und er wäre der letzte, sich zu verweigern. – Ein groteskes Bild: die zwischen Blitzen dahinrasselnde Kutsche, peitschenschwingend der Kutscher und über die vor Entsetzen und aus anderen Gründen erstarrte Dame sich krümmend der Held, mit einer Hand den von Wind und Regen gebeutelten Mantel mehr allegorisch als tatsächlich über die Szene breitend, eine Szene an der Grenze zur Vergewaltigung, eine soziale Vergewaltigung, immerhin, und nach Fahrtende das Trinkgeld für den Kutscher. Es ist eines der Bilder, in denen sich die Zeit bespiegelt, und wie sie, gestochen von der Hand sachkundiger Meister, in den Kabinetten adliger Sammler zu vorgerückter Stunde, kennerhaft zwischen Daumen und Zeigefinger gedreht und gewendet, aufmerksame Blicke und anekdotenreiche Kommentare auf sich zogen. Eine Szene, vergleichbar der berühmteren, die den Abenteurer anlässlich der Hinrichtung des Königsattentäters Damiens am 8. März 1757 in Paris in der Rolle des Zuschauers zeigt. Casanova hat, dem Brauch folgend, Fensterplätze gemietet. Während drunten auf dem Marktplatz das Opfer königlicher Rachejustiz von glühenden Zangen zerrissen wird, hebt der Begleiter des Chronisten der leicht erhöht vor ihm stehenden, mit verschränkten Armen auf die Fensterbank gestützt unverwandt dem Spektakel beiwohnenden Dame die Röcke zu einem langwierigen Akt ohne Worte, dessen Höhepunkte der amüsierte Tatzeuge akribisch verzeichnet: »Ich bewunderte seinen derben Appetit und, mehr noch, die schöne Ergebung der frommen Dame.« Als das Stück aus ist, sind die Gesichtszüge des Herrn unverändert fröhlich und frisch, die der Dame eine Spur nachdenklicher als sonst. Das war's. Der doppelte Tabubruch und seine Genüsse diktieren die Rollen; das Entsetzliche kulminiert mit dem Lächerlichen.

32.

Mordgeschrei und Sterbeklagen! / Ängstlich Flügelflatterschlagen. – Nie zetert Casanova hemmungsloser, als wenn sich ihm eine Frau aus moralischen Gründen versagt. Diesen Trick hat er den Aufklärern abgeschaut und ins Persönliche gewendet: *seine* Leidenschaft, *seine* Begier, das ist der Ruf der Natur, sich ihm zu verweigern ist Unnatur – kalte Berechnung und schnöder Eigennutz im einen, finsterer Aberglaube und kindische Gespensterfurcht im anderen Fall. Im ersten Fall ist die Frau – er wird nicht müde, es zu beteuern – ein Monstrum, aller Verachtung wert, im zweiten ein Opfer, bedauernswert, dunkler Mächte und Verschwörungen: die Jesuiten sind's, die Antipoden, die der lachende Freimaurer in jedem der vermeintlichen Tugend, das heißt dem Vorurteil abgelisteten Geschlechtsakt übertölpelt – das ist sein Stil, großer Stil, der es ablehnt, mit trügerischen Versprechungen, der es vorzieht, mit handfesten Erfüllungen zu argumentieren. So im Fall der schönen Nichte, der fleischgewordenen Unschuld, der, kaum aus dem klösterlichen Gewahrsam entlassen – auch sie in jesuitischen Händen –, binnen eines halbstündigen Gesprächs am Kaminfeuer, nur halbwegs wissend, wie ihr geschieht, die Ehre widerfährt, den Samen des Unbekannten von ihren Fingern wischen zu dürfen, wenige Schritte von der konversierenden Tante entfernt – sie habe nun, doziert der Aufklärer, eine bestimmte Anschauung von etwas bekommen, das ihr bisher nur als nebelhafte Vorstellung geläufig gewesen sei; »eine sehr bestimmte Anschauung«, antwortet sie und beugt sich zum Feuer, um alsbald den prüfenden Griff des Doktors an ihrem Geschlechtsteil zu spüren: »Sie stand voll Würde auf, setzte sich wieder hin und sagte sanft und mit vielem Gefühl, sie sei ein Mädchen von Stand und glaube Achtung beanspruchen zu dürfen«; dieses Mädchen, Stand hin, Stand her, schreibt ihm wenige Tage später einen Brief, in dem sie ihm die Ehe anträgt, um der Zwangsheirat mit einem Kaufmann zu entgehen, den sie nicht kennt – einen Brief, der ihn rührt, ein Angebot, das er unmöglich ausschlagen könnte, es sei denn, die Umstände zwängen ihn dazu – tatsächlich tun sie's. »Bleiben Sie ruhig und lassen Sie den Kaufmann nur kommen. Sie können unter allen Umständen auf mich zählen. An dem Tag, für den man die Vertragsunterzeichnung ansetzt, werden Sie nicht mehr im Haus Ihrer Tante sein.« Damit sind die Regeln geklärt, und die Liebenden versinken in Wollust. Die Philosophie – wohlgemerkt: Casanovas – unterbricht nicht das Geschlechterspiel, sondern schmeichelt es seinem Höhepunkt zu; sie vertreibt die Gespenster und schüttelt die Betten auf.

33.

Unschätzbar ist, was niemals wiederkehrt. – In die klassische Heldenvita – Aufstieg und Niedergang, Triumph und Fall – wählt Casanova den Nebeneingang. Der Heros erscheint mit Verspätung, vielmehr, er ist bereits da, bevor er bemerkt wird, bevor er bemerkt werden kann – ein blödes Kind, das spät begreift, doch dann umso rascher, um binnen kurzem die

Gleichaltrigen zu überflügeln, so, als müsste das Genie erst gestaut werden, bevor es mit Macht hervorbricht. Lapidar teilt der Biograph das Datum seiner zweiten, seiner geistigen Geburt mit: »Das Organ des Gedächtnisses entwickelte sich bei mir Anfang August 1733; ich war damals acht Jahre und vier Monate alt.« – Das ›Organ des Gedächtnisses‹ gilt als der Ort des Begreifens – eine zweite, erhöhte Lebensbühne, auf der der Schauspieler zwischen Requisiten selbst Regie führt. Man ahnt unschwer die künftigen Hypertrophien dieses *Organs*, von denen sich die Eitelkeit des Schriftstellers nährt, seine letzte Potenz. Aus erinnerungslosem Dunkel tritt der kindische Genius übergangslos in die Taghelle des erinnernden Bewusstseins. Sogleich liefert er Proben einer umfassenden Denkkraft. Der gerade Neunjährige – es ist sein Geburtstag – macht eine Schiffsreise auf dem Brentakanal. Schlaftrunken erliegt er dem Wahn, die das Ufer säumenden Bäume seien über Nacht ins Laufen geraten. Von der Mutter darüber aufgeklärt, dass, ganz im Gegenteil, *er* sich mitsamt dem Schiff fortbewege, während die Bäume ruhig an ihrem Fleck verharrten, schließt er sofort, überraschend und per analogiam, dann sei es wohl möglich, »dass auch die Sonne sich nicht bewegt, vielmehr unsere Erde von Osten nach Westen rollt«: Nichts geringeres als die Kopernikanische Einsicht, den staunenden Erwachsenen – die in ihr, mit Ausnahme eines Poeten und ›freien Geistes‹, noch keineswegs zu Hause zu sein scheinen – aus dem Kindermund souffliert, vermag die Größe des Vorgangs zu illustrieren. Die Entdeckung gleichsam nachentdeckend, in der, als in ihrem Ursprung, sich die neuzeitliche Vernunft bespiegelt, entdeckt sich der neue Heros der Welt, der Memoirenschreiber der Nachwelt. Die Fackel der Vernunft wirft den Glanz magischer Illumination – ein alter Mann, versunken ins Zeremoniell des Gedenkens – als sei *er* der gewesen, von dem geschrieben steht –, entwirft in seinen Gedächtnisübungen planmäßig den Helden der Epoche und überliefert ihn dem Gedächtnis der Menschheit.

Die Stellung, seh' ich, gut ist sie genommen. – Schauspielerinnen, Prostituierte, Damen in Geldnot und auf dem Weg ins gesellschaftliche Abseits – zweitklassige Eroberungen, wie Ernst Jünger meint, der den Rat gibt, sich dann doch eher an das Vorbild Lord Byrons zu halten; dort finde man die Erotomanie mit Distinktion gepaart. Der Dichter, für den das Studium der Stammbäume dem sexuellen Rapport vorausgeht, er irrt, wie die Forschung dankenswerterweise enthüllt. Casanova beschläft auch, wenn er verschweigt. Diskretion ist Standessache. Doch in der Tat lassen nicht die Begehrlichkeiten des Snobs diesen Mann handgreiflich werden, sondern die des Reisenden; da gibt es Unterschiede. – Die Kutsche steht bepackt, die Gäule werden eingeschirrt, Casanova in Reisekleidern, letzte Verhandlungen mit dem Wirt, als der Kutscher sich nähert und unter Bücklingen, stockend erst, dann flüssiger redend, dem Ersuchen einer fremden Dame sein Wort leiht, einer Dame, die bitten lasse, den frei gebliebenen Kutschenplatz besetzen zu dürfen, welchem Wunsch sie mit finanziellen Angeboten Nachdruck zu geben wisse, aus einer wirklichen Notlage heraus, weswegen es wohl angebracht sei, ihm stattzugeben ... Man erregt sich, forscht weiter, beruhigt sich; die Unbekannte ist schön, ihr Begleiter abhanden oder im Begriff abhanden zu kommen, schon rollt die Kutsche, noch werden erste höfliche Floskeln getauscht, als der reisende Kavalier sich bereits entflammt sieht; er wird die schöne Unbekannte besitzen, und das darf er dann auch, zu wechselseitigem Entzücken, bis ihn die Verpflichtungen des Abenteurers aufs Neue einholen und er die Geliebte, die Angebetete, die Göttin einem befreundeten Baron in reiferem Alter verkuppelt – »wie hätte ich den Bedürfnissen meiner Göttin auf die Dauer Rechnung tragen, wie also hätte ich sie an mein unstetes Leben fesseln können, ohne mich an ihr zu vergehen?« In verschiedenen Varianten kehrt diese Geschichte wieder, eine simple Geschichte, mit Traumresten behaftet und erzählt in einem heiter-elegischen

Tonfall, im Tonfall dessen, den unter seinen Geschichten diese vielleicht am ungreifbarsten verrät. Wem sie zu schlicht klingt, der lese sie als Allegorie: Während die distinguierten Wahrheiten von Staat und Religion hinter gelassener Maske unruhig die Ankunft des Aufklärers erwarten – misstrauische, in die Jahre gekommene Schönheiten –, durchträumt dieser das Märchen von einer neuen Wahrheit, einer, die sich seiner Sinnlichkeit unversehens enthüllt, und die er doch wird abtreten müssen – der Schriftsteller als Vorkoster der Mächtigen, kein unalltäglicher Fall.

35.

Ein schön Gebild, das sich so zierlich regt. – »Gegen Ende September 1763 machte ich die Bekanntschaft der Charpillon, und an diesem Tage begann mein Sterben.« Der dies schreibt, schickt sich an, die Geschichte einer Begebenheit aufzuzeichnen, die er ›entsetzlich‹ nennt, die Chronik eines befremdlichen, langwierigen und stummen Kräftemessens mit einer Londoner Prostituierten, in dem er immer neu unterliegt, bis zur letzten Demütigung, dem Entschluss zum Selbstmord. Sein ›guter Genius‹, ein befreundeter Kavalier, führt den Schwankenden – in seinen Taschen die Bleikugeln, sich zu ertränken – vom Themseufer fort und in das Lokal, in dem, vor aller Augen, die tot Geglaubte (tot durch seine Schuld) ein Menuett tanzt und es ihm, endlich, wie Schuppen von den Augen fällt. Es ist die Geschichte von Hybris und Sturz des Erfolgsverwöhnten, der sich erlaubte, eine Geliebte öffentlich zu annoncieren, und dem nun das Schicksal selbst in Gestalt eines weiblichen ›Dämons‹ in den Weg tritt. Hier ist alles bedeutsam: der Schauplatz, die ›Riesenstadt London‹, die Schuhschnallen, welche die Siebzehnjährige, eine ›makellose Schönheit‹, bei der ersten Begegnung trägt – Casanova hat sie ihr drei Jahre vorher, unter ganz anderen Umständen, gönnerhaft zum Geschenk gemacht –, die Vordeutungen, die Erinnerungen. Der erste Akt dieser klassischen Tragödie ist die Geschichte eines Gelegenheitskaufs, bei welchem dem hochfahrenden, bereits gewarnten Chevalier ein Missgeschick unterläuft: Er hat die Ware bezahlt, ohne sie zu bekommen, sein sportlicher Ehrgeiz erwacht. Der zweite Akt spielt, zu neuen Konditionen, im Haus der Ware: Eine lange Liebesnacht hindurch – zu der die Mutter der Dirne die Kissen geschüttelt und die Decken gelegt hat – verharrt sie unverändert in einer Pose, in der sie, »zusammengekauert, mit gekreuzten Armen, den Kopf auf die Brust gelegt, in ihr langes Hemd eingewickelt«, den zunächst liebevollen, schließlich brutalen Attacken des Bettgenossen trotzt. – Gelegenheitshure, ehrbare Dirne, Mätresse und Dame Schäferin – in jeder dieser Rollen perfekt, reizt sie den Gelegenheitschevalier auf bis zur Besinnungslosigkeit, um ihm das Eine, Entscheidende, zu verweigern, die Penetration. Nur einmal, als sie ihn aufsucht, ganz anspruchslose Geliebte, sperrt er sich – eine verpasste Gelegenheit, so meint er später, ein Zwischenidyll. In der strengen Folge der Auftritte, der Serie von Demütigungen, hat das Mobiliar seine eigene Stelle; so haftet am Ende das Bild eines Lehnstuhls, den man für Casanova heranschafft, um den Widerstand der Charpillon auf mechanischen Wege zu brechen: ein sinnreich erfundenes Möbelstück voll versteckter Federn, die sich lösen, »sobald ein Mensch sich hineinsetzt. Der Vorgang vollzieht sich sehr schnell – zwei Federn umklammern die Arme, zwei weitere bemächtigen sich der Knie und spreizen die Schenkel, die fünfte hebt den Sitz kräftig an«. Casanova verzichtet, doch ist die Beschreibung für unsere Kenntnis des Erfindungsreichtums in einem Jahrhundert, das die Freiheit erfand, unschätzbar.

36.

Die bloße Wahrheit ist ein simpel Ding. – Wäre es nötig, die Begegnung Casanova – Voltaire mit einem Emblem zu bedenken, es wäre das von Hahn und Pfau. Treffender könnte das Arrangement nicht sein: vom milden Haller kommend wendet sich das Abenteuer dessen unerschöpflichem Thema zu, den berühmten Mann in Les Délices aufsuchend, sich ihm stellend inmitten eines Hofstaats von Kavalieren und Damen – sie sollen auf ihre Kosten kommen. Was auffällt, ist dieses ungemeine Sichspreizen beider Parteien; es zeigt, worauf Casanova von Anfang an aus ist, und auch, dass Voltaire die Herausforderung routiniert annimmt – da ist keiner, der dem anderen den Vortritt lassen möchte, genau darum geht es. Und alles ist Theater: drei Tage Tragödie, die Helden schlagen sich um die höchsten Werte Europas – das Gewicht eines Ariost-Verses hier, eines Tassoni-Wortes dort –, und dann das Satyrspiel, der obligate Disput über die Menschennatur und den Aberglauben, diese ›Bestie‹, wie Voltaire ihn nennt, welche das Menschengeschlecht zu verschlingen drohte, worauf Casanova entgegnet, sie verschlinge niemanden, sei vielmehr notwendig zum Bestehen der Menschheit – über diese, Voltaire zufolge, ›furchtbare Lästerung‹ also wechselt man Formulierungen aus der Kladde: Hobbes und Locke, Notwendigkeit und Freiheit, der Souverän und die Stände. »Und Sie gehören doch zum Volk«, ruft Voltaire aus – Sie sind doch Volk, soll das heißen –, als Casanova die Monarchie verteidigt, die in den Augen des anderen ein Despotismus ist, unverträglich mit den Freiheitsrechten der Völker. Zwar speist man gut beim Dichter nach des Gasts Bemerkung, doch diesen Früchten vom Baum der Erkenntnis fehlt es an Frische des Geschmacks. Der Leser, beunruhigt, nimmt Zuflucht zu einer Hypothese: Aus welchem Grunde wohl provozierte Casanova diesen dürren Disput – denn das tut er, in der Tat –, einen Disput, in dem er sich darauf beschränkt, dagegen zu halten, wenn nicht eben das seine Absicht wäre: den anderen vorzuführen, späte, subtile Rache für erlittene Unbill in diesem Treffen der Eitelkeiten zu üben. Die Miniatur des Philosophen, der nicht in Form ist, mit spitzem Pinsel entworfen und sorgsam eingefügt in die Bestandsaufnahme der alten Gesellschaft, wie sie der Memorist erfahren hat und zu verstehen glaubt, sie denunziert den Denkstil des Antipoden als thetisch und revolutionär und erfahrungsblind; man kennt die Gleichung. *Seine* Form, fast überflüssig zu sagen, stellt er, Casanova, solange der Besuch dauert, allnächtens verschwenderisch unter Beweis – ein wohlgenährter Gast im Stall Epikurs.

37.

Wie das Geklirr der Spaten mich ergetzt! – Giacomo Girolamo Casanova, genannt Jacques, Sohn der Zanetta Farussi und des aus Parma gebürtigen Schauspielers Gaetano Guiseppe Casanova oder des venezianischen Edelmanns Michel Grimani, Raupe oder Schmetterling, stirbt am vierten Juni des Jahres 1798 als Bibliothekar des Grafen Waldstein, eines Nachfahren Wallensteins, auf Schloss Dux unweit von Teplitz, nach jahrelanger angestrengter Schriftstellerei – unter den Resultaten ein lateinisches Epitaph auf den Tod seines Foxterriers Melampyge, auch die Mitarbeit am Libretto des *Don Giovanni* ist verbürgt – infolge einer nicht diagnostizierten Krankheit, nachdem er sich ein Leben lang mit Diagnosen hervorgetan hat: Material für Biographen, die durch seine Memoiren dazu angehalten werden, ein Gleiches zu versuchen – sein oder ihr Leben, wer weiß das schon. Das unerhört Griffige dieser Memoiren dürfte nicht zuletzt darauf beruhen, dass der größte Teil ihres Materials Anekdoten sind, – Anekdoten, die durch vielfach wiederholtes Erzählen in die prägnanteste Form gebracht, zugeschliffen wurden, längst bevor ihnen der Autor ihren Ort im imaginierten Lebensgang zuwies. Sie sind das Handgeld des Abenteurers, der für seine Gegenwart mit klingender Münze bezahlt. Manche der Anekdoten darf der Leser im Entstehen erhaschen, wenn der Held bei Tisch, vor gereiftem Publikum, über den Fortgang seiner aktuellen Amouren berichtet. Doch man täusche sich nicht: Dieser Mann reist mit Papieren, in literarischer Absicht, er treibt seine Studien, er verliert keine Zeit, es ist ihm Ernst. Stücke wie die *Flucht aus den Bleikammern* sind Vorgriffe in strategischer Absicht, zweifellos wichtig, sie geben Kontur – doch zur geschmeidigsten aller Gattungen wird die Autobiographie im Riesengebilde der *Histoire*, in Wahrheit einem Kompendium der Gattungen, deren Konventionen der Autor gekonnt umspielt; der erfahrene Erotiker kennt auch hier die Neben- und Hauptzugänge und weiß sich ihrer souverän zu bedienen. Ein Meister der Variation, nicht der Nuance; ein böhmischer Bibliothekar am Ende, sich katzbalgend mit dem Gesinde, die derben Scherze seines einfältigen Herrn fassungslos, doch mit Würde ertragend, Pandekten ordnend, hier und da zwischen den Beständen einen Platz reservierend für Künftiges, die Werke des Chevalier de Seingalt.

2
Ästhetik des *Whoppers*

Als Sonderfall muss schließlich erwähnt werden, dass auch die *Äußerung von Meinungen* als Nachricht verbreitet werden kann.
Niklas Luhmann

Wölbings Belustigungen

1.

Festland. Wölbings Beiträge zur Ästhetik des *Whoppers* begnügen sich nicht damit, ihn zu porträtieren; sie finden ihn allenthalben. Dem Metzger gleich, der hinter dem anämischen Wesen seiner Kundschaft den verderblichen Einfluss von Tiefkühlkost wittert, sieht er seinen Gestalten den Bissen im Leibe auf zehn Schritt Entfernung an. Man merkt sofort, dass sie herumgekommen sind und ganz bei der Sache; zuhause immer gerade da, wo sie die Zeichnung queren. Nicht dass es ihnen freistünde, auf zwei Beinen aus dem Bildraum hinauszuschlendern. Sie sausen vorbei, Körpergespinste im leeren Raum, der wachsame Kamerablick folgt ihnen auf dem Fuße. Einige verlieren sich im Rausch der Geschwindigkeit; es schert sie nicht, dass der Dosenverschluss linkerhand lässig mithält. Auch zählt nicht das große Tempo, sondern die Konzentration des Jungen, der Skateboard fährt und augenblicklich nicht ansprechbar ist – ausgerichtet auf den Punkt, aus dem die Welt hervorschießt, um schon verschwunden zu sein, erzeugt er das Vakuum, das ihn verzehrt.

2.

Landschaften, die den Müll intus haben: Traumländer mit Wolken, Brücken und Stegen durchs nächtliche Gebirg. Der Betrachter ahnt mehr, als dass er es sähe, das Fadenscheinige einer vorsichtig neu gefassten, den Vorbehalt mitkomponierenden Arte povera. Überall dringt der Grund durch, kein Zeichengrund, sondern der Grund der zeichnerischen Vertiefung, die autonome Reprise – autonom deshalb, weil es gleichgültig ist, welche Bewegung sie wiederholt, welche Verteilung von Licht und Schatten das rasch ziehende Gewölk des Erinnerns auf sie herabsenkt. Der Zeichner meidet die Bloßstellung, dieses bittere Futteral, das wegschließt, worauf es ankommt. Was er sucht, ist naheliegender und entlegener. Der Fuß da, die Geste, der gekrümmte Rücken, alles erinnert, steigt doppelt auf, bietet sich an als lose Übereinstimmung von ›wirklich‹ Gesehenem und ›Überkommenem‹.

3.

Diese undefinierten Gestalten, verflochtene, verknotete, ent- und verwirrte, in rasender Eile daherkommende oder stationär verfließende Wesen, die den Bildraum bevölkern variieren ein und dasselbe Motiv. Alle tragen die Kreditkarte dort, wo sie hingehört – über dem Herzen. Sie wirken gelöst, denn sie wissen, dies ist ihre Welt. Ob sie ihren Geschäften nachgehen oder sich gerade von ihnen erholen, macht keinen Unterschied. Wenigstens geht er niemanden etwas an. Sie halten die Augen offen, immer auf dem Sprung, ein Schnäppchen zu machen. Thermopylae dünkt sie eine sandige Piste, die Nike von Samothrake ein Gipsei. Der Zeichner sieht es ihnen nach; seine Wahrnehmung, den Aufbrüchen des Jahrhunderts verpflichtet, unterscheidet sich von ihrer nur wenig. Dieses Wenige, die ungewisse Differenz, die ihn von seinen Objekten trennt, öffnet den graphischen Raum, in den er sie entlässt. Ihre Cleverness verliert sich an die umgebende Leere, sie kommt als das zurück, was man die ungetilgte Profanität des Abgrunds nennen könnte. Die Epiphanie des Undeutlichen, des verwischten, verhuschten, teils körnig, teils krakelig hervortretenden, dann wieder das Phlegma öliger Flächen äffenden, seiner Bestimmung ledigen Elements setzt jede erdenkliche Art von Kosten-Nutzen-Rechnung voraus und macht sie gegenstandslos. Das Amorphe zeigt sich in guter Form. Es wirkt geschäftig.

4.

Die Botschaft der Differenz, hier ist sie angekommen. Was immer sich dem Betrachter von der Anstrengung mitteilt, die in den Landkarten der

Kunstgeschichte aufgeklappten Wege nachzufahren, es wird aufgewogen durch die klare und nicht sehr distinkte Einsicht, dass das zu Erkundende in der Konzentration auf den Weg ersteht und vergeht, beides in einem Zug. Nicht der Akt entscheidet über das Gelingen, sondern das Resultat, falls es sich einstellt, ohne den Erwartungen zu entsprechen. Das Ergebnis einer Bemühung: Was ist das? Etwas, das sich ergibt. Ein Sieg vielleicht? Wenn ja, dann ein zweideutiger. Der Grund der Ergebung bleibt ebenso im Unklaren wie das, was aus ihr folgt. Sehen so Siege aus? Oder doch eher Niederlagen? Eines scheint sicher: Sollte es Positionen geben, um die – aus Gründen, die jedem strategisch Denkenden unmittelbar eingehen – gerungen wird, Positionen, die nur da sind, um eingenommen und verteidigt zu werden, so finden wir hier Techniken am Werk, welche im Ausweichen die Lust der Erfahrung vermitteln. Das Umwegige hat seinen Preis. Was es vermeiden hilft (oder vermeiden soll), sind Gefahren vom Hörensagen. Die einflüsternde Kraft des Gerüchts ist als negative Produktivkraft geschäftig. Sie teilt dem Künstler mit, dass es *dort* nichts zu holen gibt. Zwar beweist das instinktive Ausweichen vor Plätzen, an denen sich Zeitgenossenschaft bewährt, für sich genommen nichts. Aber es ist doch die Frage, ob es dafür genommen werden sollte. Wahrscheinlich suggerieren die strategischen Plätze Gefahren, vor denen niemand besteht, weil der Andrang eingebildeter Draufgänger von vornherein jede Gefährdung ausschließt. Im Zeitalter des intellektuellen Massentourismus sind die Probleme nicht dazu da, um gelöst, sondern um in zahllosen Ansichten auf den Markt geworfen zu werden. Sie sollen belegen, dass man auch da war und über die beste Ausrüstung der Saison verfügte. Bleibt zu ergänzen, dass der gehobene Problemtourismus einen bewunderswürdigen Überblick über die gastronomischen und sonstigen Annehmlichkeiten der von ihm angesteuerten Ziele wahrt.

5.

Man versteht schon, in welche asphaltlosen Gelände eine Kunst sich begibt, die sich zu entziehen trachtet. Andererseits versteht man die Attraktivität der öffentlich ausgestellten Gefahr – unmöglich, ihr nicht zu erliegen, sobald man sie für sich entdeckt hat. Einerseits-andererseits: beide Tendenzen zusammengenommen vermitteln die Erscheinung des Künstlers, der die Bewegungen der Epoche begleitet, ohne sich ihren Verkehrsmitteln anzuvertrauen. Ein Fußgänger, immer zu spät und zu früh zwischen den Ankunftszeiten der a priori Pünktlichen, ausgestattet mit einer Wahrnehmung, die Befremden hervorruft, weil sie die Totale bevorzugt, wenn das Detail gefragt ist, und sich in Einzelheiten verliert, wenn alle zum Aufbruch drängen. Angesichts so vieler in der Wolle gefärbter Individualisten, prächtig anzusehen in ihrem Ornat wie die Könige aus dem Morgenland, überfällt ihn ein Gefühl der Verschwendung von Zeit und Ressourcen zusammen mit einem ungezügelten Verlangen nach Anbetung. Das Kind in der Krippe, es ist auf Stroh gebettet, er sieht es wohl, aber es bleibt das Kind und es bliebe die Krippe. Was also tun?

6.

Deutlicher als der bemühte Eklektizismus signalisiert ein gewisser durch handwerkliche Gediegenheit betäubter Dilettantismus den Abschied von der Moderne. Einmal als Ausdruck der Zeitenwende begriffen, wird er ganz unvermeidlich. Die Kunst symbolisiert die Suchbewegung, sie *ist* diese Bewegung, auf die sie zeigt, als habe sie etwas gefunden. Was nicht so falsch ist. Denn was immer man davon halten mag, sie hat ihr Verhältnis zum Kommerz bereinigt, der sich dankbar revanchiert, indem er mit vertreterhafter Begeisterung nicht hinter den Berg hält. *Her mit dem hilfreich in Trends abgefüllten hundertfachen Aufguss all dessen, was die müde gewordenen Augen des Jahrhunderts gesehen haben, das ist unsere Welt, ein bisschen flippig, ein bisschen virtuell, ein bisschen schwierig, aber wir nehmen das nicht so genau.* Die Kundschaft hat das Sagen. Wo alles schon gesagt wurde (ein Spruch, zu oft gehört, um noch Eindruck zu machen), wacht sie darüber, dass es schön beiläufig klingt und nicht zu dick aufträgt. Auch das lässt sich zeichnen. Fragt sich, wen es anficht.

7.

Niemandem steht es frei, isolierte Effekte ad infinitum zu steigern. Irgendwann haben sie das Maximum der Amplitude erreicht und nähern sich erneut der alltäglichen Gemengelage an. Was für alle Aufbrüche gilt, das gilt auch für die Art von Aufmerksamkeit, die darauf trainiert ist, Aufbrüche wahrzunehmen. Für den professionellen Beobachter, gewohnt, Weite und Grad der Abweichung zu bestimmen, sobald ein neuer Athlet in der Kunstszene seinen Wurf präsentiert (stark? ›unglaublich‹ stark?), ist alles Routine. Während der Automat in ihm das ›Ereignis‹ registriert, zeigt sich sein Blick anderweitig beschäftigt – von der Schuhmarke des Adepten bis zum Augenaufschlag im unvermeidlichen Medienplausch hinterher. Der Wurf, heißt das, verliert an Bedeutung, er hat sie bereits verloren, sobald die Szene sich angewöhnt hat, in Würfen zu denken, sie als unabdingbar voraussetzt. Denn *einmal* vorausgesetzt sind sie das *immer* Vorausgesetzte, der konventionelle Anlass, um sich über alles Mögliche auszutauschen. Wer den Kick hat und wer nicht, das wird nicht entschieden, das *ist* entschieden – in jener mythischen Vorzeit, in der die Wahrnehmung umsprang. Das Publikum hat keine Schwierigkeiten zu folgen, im Gegenteil, es reagiert erleichtert, dass ihm die Mühen des Urteils erspart bleiben, dass es nicken darf, ohne zu wissen, worum es geht, aber mit dem sicheren Instinkt, dass es um nichts anderes geht als darum, es zu hofieren. Gönnerhaft im Exzess, lässt es die Scheine knistern, die den Trubel in Gang halten.

8.

Hat einer erst verstanden, dass nicht der Wurf zählt, sondern das, was danach geschieht, dann begreift er auch, dass es darauf ankommt, spielerisch, ohne übermäßigen Kraftaufwand, über den Punkt hinwegzugleiten, an dem die meisten scheitern. Das professionelle Mittel zu diesem Zweck heißt Desintegration. In einer Malerei, in der alles ein bisschen an alles erinnert, erzielt die Vergröberung eines beliebigen Elements das Mehr an Bedeutung, in dem Exponat und Exponierender mühelos zueinander finden. Das Ergebnis ist ein Modernismus aus zweiter Hand, der sich auf die Produktion von Normen verlegt hat, eine Kunst, deren Macher das Alphabet täglich neu auf den Markt werfen, weil sie im Stammeln der aufs Analphabetentum zurückgeworfenen Sensiblen den Zuspruch vernehmen, den sie in Lebensstil umzusetzen gedenken. Format ist wählbar, eine Überzeugung, welche die obligaten Museumsgrößen mit dem ringenden Ungefähr eint, dessen aparte Darbietungsform die Häppchenkultur der Vernissagen darstellt. Widerstand wäre zwecklos.

9.

Flugtraum. Die erblätterte Welt ist die zerlesene. Die Zeichnung entsteht aus der Textur der Zerlesenheit, aus Rissen und Sprüngen, die von den Rändern her die Fläche erobern. Das Verfahren lässt keine leeren Flächen zu; es zielt auf Wirkungen, die plastisch und abstrakt sind. Fast-monochrome Geflechte, winzige Striche von wechselnder Dichte bedecken den Bildraum, Ligaturen, Serifen. Flimmerhärchen. Konzentrisch, vielleicht, auch sie. Aber nicht der leeren Mitte, sondern der verfehlten gilt die Bewegung; ein Zufallswurf führt sie ins Ziel. Die leere Mitte ist immer die ausgesparte, randvoll mit Absichten, überdeutlich. Erst die verfehlte Mitte wird aller Absicht ledig; sie ertrinkt in ihr. Auch ist sie nicht länger der Mittelpunkt, sondern seine Preisgabe. Die zeichnerische Technik schafft dezentrale Zentren und vernetzt sie; darin folgt sie der Logik komplexer Systeme, ob bewusstlos oder bewusst, tut nichts zur Sache.

10.

Breitwand. Vorausgesetzt, der Betrachter bringt die Zeit auf, die nötig ist, um weniger zu sehen statt mehr – also zu sehen –, so erwartet ihn ein Wechselspiel von Schicht und Distanz. Stutzig geworden, gleitet der Blick nicht länger in eine stetig sich aufschließende Tiefe, sondern springt von Schicht zu Schicht, von Zeichenebene zu Zeichenebene. Der Trick – falls er so genannt werden darf –: Auch der zweite, der Machart geltende Blick findet sich zwischen Objekten. Wie der erste lässt er sich narren – wovon? Von einer fiktiven Welt aus verwitterten Blöcken, in der sich der Illusionscharakter der ersten spiegelt. Zwei Raumillusionen setzen einander zu, so dass der Betrachter abwechselnd in der einen und in der anderen verharrt. Zwei Vollzugsinstanzen, die sich gegenseitig überführen und dingfest machen, statt sich ineinanderzuschmiegen, wie das in den Kippbildern Eschers geschieht. Das Thema lautet nicht *Die Geometrie und die Unzucht des Blicks*, sondern *Sieh dich nicht um. Es ist schon geschehen.*

11.

Nebelaufgang. Die Perspektive – ein Fast-Nichts, das den Betrachter fordert, ohne dass es verriete wozu. Kopfschüttelnd beugt er sich über Lineamente, beseelt von der mit Zweifeln unterfütterten Hoffnung, es könne ihm einmal gelingen, sie zu entziffern. Aber während er fortliest – oder doch fortlesen möchte –, verirrt er sich in eine Tiefe diesseits der Landschaft, die sie ausspannt und wieder eng macht wie ein Jo-Jo, das in die Hand zurückläuft, von der es geschleudert wurde. Das Stocken des Lesenden gibt dem Raum Gelegenheit, sich für die Dehnung eines Augenblicks zu entfalten. Ein Wimpernschlag löscht das Bild und stellt es her. Und so Schlag auf Schlag, in jener unerbittlich reproduzierten Balance, die es dir nicht erlaubt, bei den Wundern der Technik zu verweilen oder dich dem naiven Sehen hinzugeben. Gemalte Malerei; was Kunst zuwegebringt, hier ist es ausgestellt und auf den Nenner einer Wahrnehmung gebracht, die durch die Nähe zur Lektüre deformiert wird und aufgrund ihres nicht auszuräumenden Unvermögens, zu lesen, was dasteht, die Elemente einer Oberfläche sammelt, die jenseits der Bildfläche beginnt und sich entweichend realisiert.

12.

Dunkle Sonne. Das Gesehene ist nicht das Gemeinte, das Gemeinte etwas, mit dem sich das Sehen hintergeht. Das Sehen – eine vage Instanz, stets bereit, sich in Betrachtungen zu verlieren – kommt hinterdrein, eine Angewohnheit, die in die Irre führt, die unvermeidliche Irre, da alles aufs Sehen angelegt ist und nichts weiter. Ein Aspekt, unbegehbar, den ein zweiter ergänzt, nicht weniger deutlich, nicht weniger ungreifbar, ein dritter, ein vierter. Der Druck, der die verschiedenen Schichten mit Hilfe der Farbe trennt und zusammenführt, ist eine Abbreviatur, die den Sehgewohnheiten des Betrachters entgegenkommt, eine Arabeske, die der wirklichen Arbeit nichts mehr hinzufügt. *Fast* nichts, denn die Farbe, die das erzeichnete, aber noch ganz dem Denken eingesenkte Bild den auswärtigen Blicken freigibt, stimuliert das driftende Sehen, das sich nicht festlegen kann und schon nicht mehr mag. Warum sollte es auch? Weniges belegt die unerschütterliche Banalität des ästhetischen Diskurses eindringlicher als die nicht aus der Welt zu schaffende Überzeugung, das Entscheidende der Kunst – ihre ›Wahrheit‹ – liege weder im technischen noch im dargestellten Detail, sondern in einem unbestimmbaren Dazwischen, das, so rätselhaft wie unergründlich – gleichsam das zum Weltgrund geronnene Lächeln der Gioconda –, nichts anderes bezeuge als ›Präsenz‹. Die Kunstfrömmigkeit vergisst, dass Technik und Referenz keine ›Faktoren‹ sind, zu denen sich gleiche (und gleichartige) Distanz herstellen ließe. Zweideutig ist die Technik selbst, von Anfang an. Was wir ›Welt‹ nennen, existiert nur durch sie – nicht das Draußen, sondern der Splitter, der unsere Weltvorstellung komplettiert und sich tatsächlich malen lässt, in Farben ebenso wie in Schriftzeichen oder Tönen. Darin kommt keine besondere Gunst zum Tragen, allenfalls die einer guten Stunde und einer Flasche Rotwein. Die Anmaßungen einer technikbesoffenen Kunst, einer Kunst, die nichts anderes vorzeigt als Technik, dies aber mit jener Penetranz des Pseudo- und Halbwissens, mit der man Schulen begründet und Kunstrichtungen inauguriert, sind immer im Unrecht – alle Versuche, die Technik einzudämmen, auch.

13.

Projekt Köpfe. In der Hetzjagd nach dem definitiven Projekt – dem entschiedensten, situativsten, spielerischsten – verglüht das *unvollendete Projekt der Moderne* in dem Dunkel, das die Aussicht auf ein neues Jahrtausend in erregbaren Köpfen verbreitet. Diese Köpfe, immerhin, sitzen auf Schultern, die anecken und anecken lassen und dafür sorgen, dass man durch Türen kommt, die dem bloßen Gedanken gemeinhin verschlossen bleiben. Der Gedanke also hat frei – und Zeit überdies, sich dem Anblick der Köpfe zu widmen, deren Besitzer gewohnt sind, jedes Hindernis zu bezwingen, ausgenommen solche, die sie nicht sehen. So starren sie erstaunt und ein wenig stumpf in das, was man den blinden Spiegel der Kunst nennen könnte, voller Erwartung, dass jemand auf den Auslöser drückt und sie aus ihrer Lage erlöst, die allerdings merkwürdig anmutet. Egal, wie voll sie das Maul zu nehmen und welches Zahnmaterial sie zu blecken bereit sind: jenes *Ich sehe das nicht* ist ihnen mit unbeweglichen Lettern über die Stirn geschrieben oder ins Kinn versenkt, dessen Grübchen das Quantum Sensibilität verbürgt, ohne das bekanntlich nichts geht. Was soll schon gehen? Eine Handvoll Schauriges, aus geöffneten

Massengräbern dazwischengestreut, ändert die Wahrnehmung aller Gesichtszüge beträchtlich, ohne dass es einer vermittelnden Feder bedarf. Die Physiognomie, die Physiognomie ... ist stets die des Zeitalters, obsessiv.

14.

»Nie muss man das Herz so nach Gefühlen durchstöbern wie das Gehirn nach Gedanken. Auch stellt niemand an Gefühle den Anspruch der Neuheit. In ihnen darf man sich wiederholen oder anderen gleichen.« (M. Rumpf) Malerei, gleichermaßen den Gedanken wie den Gefühlen verbunden, soll daher beides sein – originell und identisch. Ob man sie sich sehenden Auges und mit gebundenen Füßen oder stockenden Fußes mit verbundenen Augen vorstellt, es macht keinen Unterschied. Beide Metaphern eint das Ungenügen des Denkens an einer Kunst, die, allen inszenierten Umschwüngen zum Trotz, auf dem Weg der Differenzierung nicht recht vorankommen will, sowie das Missbehagen des Gefühls, das aus den Angestrengtheiten des Mediums die banale Furcht heraussprürt, gegenüber der allgemeinen Bewegung zurückzubleiben. Malerei ist, wie jede Kunst, gewöhnlich – weniger in den Niederungen der Unbedarftheit als auf der Höhe ihrer Möglichkeiten. Dem Künstler, der das begreift, bietet sich die Chance der Inversion: das Gegenstück zum Gewöhnlichen ist der Weise. So kommt die Abgeklärtheit ins Bild.

15.

Das lebensweltliche Motiv hält der Erkundung fremder Zeichenwelten die Waage. ›Physiognomisch‹ ist eins wie das andere. Alles ist gesehen – auf unbestimmte Distanz. Ausdrucksminderung als ästhetische Pointe. Intentionsminimierung. Ein unbedarftes Gemüt könnte meinen, es sei die Angst vor der Leere, die den Zeichner veranlasst, Blatt um Blatt mit all jenen Figuren zu bedecken, an denen wir sehen lernen, eine Angst, die der Leere zuspielt, was ihr gehört. Das wäre schon etwas, wenn nur ... der Horror vacui nicht ins Arsenal der leeren Drohungen gehörte. Aber wer weiß das so genau? Eine Formulierung zieht die andere nach sich, eine leichte Drehung der Hand entfaltet sie, gibt ihr Raum. Das Denken, ein wenig träge, weigert sich nicht, es geht mit, es geht, es macht sich seinen Reim, spielt sein doppeltes Spiel, kein Gedanke, den nicht sein Hintergedanke begleitete, ein Schatten, stumpf oder hell gegen das Weiß des Zeichengrundes. Dieses Weiß, selbst nicht mehr als eine Metapher der Fülle, in der sich alles Mögliche rekelt, noch unentschlossen, ob es die Vereinzelung wagen soll, ewig unentschlossen, würde es nur gefragt, doch davon kann keine Rede sein, der Entschluss, auch dieser, er käme zu spät, wäre Auslegung, Wurf, erwürfelt, aber nicht von der oder einer anderen Hand, Augen gehen aneinander über, leuchten, leuchten ihr Dunkel zwischen zwei Wimpernschlägen, die zu kurz sind, um in Betracht zu geraten. Unerträglich das eine, unzumutbar das andere, Schlüsselwörter, die unbegrenzt Zugang zu Räumen verschaffen, in denen die Ableger ausgestorbener Sprachen wuchern. Mittendrin der Gärtner, stumm, seinen Beruf ausübend: begehbar machen, was dem Sinn entgeht.

Paraphrasen zu Picasso

16.

Wer alle überlebt, erwirbt das Vermögen, nicht nur die Arbeiten derer, die nicht Schritt halten konnten, sondern auch die eigenen wie Fossilien betrachten zu können. Über diesen ›paläontologischen‹ Blick verfügt der alte Picasso. Wo immer er gräbt, findet er Skelette eigener und fremder Geschöpfe. Sie ›haben gelebt‹, soll heißen, sie sind in das Leben anderer eingegangen und haben dort Ablagerungen gebildet. Es ist Zeit: behutsam setzt er sie frei und stellt sie aus. Im rasch ausgeworfenen Netz seiner Pinselstriche ruhen sie, glänzende Missing links zwischen gestern und übermorgen.

17.

Die späten Paraphrasen zu Manet, Courbet, Delacroix, El Greco, Poussin, Velazquez sind Illustrationen einer Abstraktion, die zu gut erfunden war, um lange als bare Münze genommen zu werden. Der zwischen Überlieferung und Moderne trennende Gedanke treibt die Moderne hervor, die ihn rechtfertigt, und deformiert die Überlieferung, die er denunziert. Nicht das überlieferte Werk wird deformiert, sondern das Werk der Überlieferung. Im heute vergessenen ›choc‹ manifestierte sich der Technologieschub, der das Gewesene alt aussehen ließ. Der mechanische Anteil am Kunstwerk wuchs, gelegentlich sprunghaft, und erzeugte Stereotypen der Auslegung, in denen sich wenig mehr als der Wille des Betrachters spiegelte, im Zustand mangelnder Erleuchtung auszuharren – eine Verschwendung ästhetischer und intellektueller Ressourcen, die lange durch den Hinweis, dies hier sei ›an der Zeit‹, gerechtfertigt wurde. Nichts war, nichts ist falscher. Die Zeit des Künstlers ist eine Scharade: *Seht her, das ist machbar – jetzt und hier.* Oder: gesetzt, einer versteht sein Geschäft und lässt keine sich bietende Chance aus, so kommt er ins Niebetretene. – Neuland betreten, als existiere es im Überfluss, als sei es der Überfluss: eine Illusion, der die Enttäuschung auf dem Fuß folgen sollte.

18.

Der Selbstdarsteller P. führt den Reigen seiner Bewunderer an. Etwas erfunden zu haben: darauf kommt es ihm an. Immer wieder müssen es ihm die Freunde bestätigen, andernfalls wären sie keine. Der Erfinder braucht die Literaten, die seinen Anspruch festschreiben, erster zu sein; der bloße Anblick der Bilder gäbe es nicht her. Eher spricht aus ihnen die beiseitedrängende und zueignende Gewalt eines Usurpators. In Gesprächen bemüht er die Pose des Ingenieurs, der die Leistungsdaten eines Produkts bekanntgibt und dabei gelegentlich dem Ressentiment huldigt: »Ich hasse das ästhetische Spiel des Auges und der Gedanken, das Spiel dieser Kenner, dieser Mandarine ... Was ist Schönheit überhaupt? So etwas gibt es gar nicht.« *Treten Sie ein in die Arena der Innovationen! Sehen Sie sich um! Vor allem aber glauben Sie, was ich Ihnen sage! Andernfalls sehen Sie nur die Verpackung.* Das schmerzt die Designer. Aber sie sind dergleichen gewöhnt.

19.

Picasso behauptet, keinen Stil zu haben, weil er wie die Natur kein Ding zweimal hervorbringe. Die Begründung ist falsch, die Behauptung zwiespältig. In der Verengung des Stils auf die Manier (und der Manier auf die Masche) zeigt sich der Mann des Betriebs, der die Regeln der Vermarktung beherrscht: Wer das Design verachtet, muss seiner Sache sicher sein. Doch was ist die Sache? Eine gespiegelte Erwartung: der Terror gegen das Vorhandene. »Sie erwarten nur Schock und Terror. Wenn das Ungeheuer lächelt, sind sie enttäuscht.« Genie muss es bringen, ein für allemal. Geholt wird nicht.

20.

Genies sind sterblich; sie lassen sich nötigen. Wer eine Komposition zwingend nennt, gibt zu, dass ihm nichts Besseres einfiel. Die Sache ist ausgereizt – einen Schritt weiter, und der Reiz wäre dahin. Wenn Picasso behauptet, dies passiere nur bei jenen »höchstens zwanzig Themen«, welche die Malerei nach seiner Ansicht beherrschen – Geburt, Leiden, Tod:

die biologischen Konstanten –, dann erhebt er *seine* Themen in den Stand von Engeln. Wer von ihnen nicht heimgesucht wurde, sah die Himmel nie offen. Die gefährlichste Waffe in der Hand eines Künstlers in jenen Jahren, der Ideologieverdacht gegen die Vorgänger, richtet er indirekt gegen sich selbst. Er ist der Gleichmacher, der die Differenz behauptet. Die Wiederkehr des Gleichen fungiert als Triebkraft der Innovation. Picasso, der seine Bilder im Louvre zwischen Manet und Lorrain postiert: »Es ist dieselbe Sache, es ist dieselbe Sache!« Welch ein Unsinn.

21.

Technischer Gleichmut ist das Hauptingrediens aller ›Paraphrasen‹. Verschwunden die Originale, an ihrer Stelle rücken Fotografien ins Blickfeld, Postkarten, Kalenderbilder ziehen ein Detail ins Zentrum, die Totale ins Ungefähr. An sie knüpft das Werk der Veränderung an. Die Bildidee, also die angestrebte Beziehung des Ganzen zu seinen Teilen, löst sich in eine Suite von ›Themen‹, in die optische Gleichwertigkeit von ›Ansichten‹ auf. Das Sujet hat ausgespielt; hinter der Fassade der Behandlung gähnt das Wissen um die Universalgeschichte des Unrechts. So, dem zeitgemäßen Gemenge aus Niedertracht und festen Absichten entsteigend, verzweigt sich über Velazquez' Monumentalkomposition die bunte Bilderfolge von *Les Menines*.

22.

Am Repertoire der überlieferten Malerei fasziniert Picasso der Blick des Malers: Profession verdrängt die Professionalität. Die tradierten Gegenstände schrumpfen zu einem allegorischen Gehege, in dem sich Wesen unklarer Herkunft bewegen, die nur schwer zu unterscheiden, noch schwerer zu trennen sind. Im Grunde ist sowieso alles eins: »Ob du von einem Auto überfahren, von einem Zug zermalmt oder durch einen Dolchstoß getötet wirst, das sind nur unwesentliche Tatsachen. Der Tod als Thema ist etwas ganz anderes, etwas, das auf einem Stilleben durch das sinnfälligste Symbol, durch einen Totenschädel etwa, genausogut sichtbar gemacht werden kann wie auf irgendeinem riesigen Gemälde, auf dem das Blut in Strömen fließt.« Es kommt darauf an, zum rechten Zeitpunkt die richtige Karte zu ziehen, die Glückskarte eines immer neu zu murmelnden ›Das ist es‹. Wer sie zu finden weiß, findet sie überall; die Tradition ist ein Sack voller Lose, in dem die richtigen darauf warten, ans Licht gebracht zu werden. Die Technik macht den Erfolg beherrschbar, weil sie die Suchbewegungen verkürzt. Wer sie nicht beherrscht, hat das Nachsehen.

23.

Von langer Hand geformte Sujets sind die Halbfertigware der individuellen Einbildungskraft, Form vor der Form, zur Unform erklärte Form; ohne die förmliche Erklärung von Form zur Unform liefe die künstlerische Imagination leer. Darin steckt, wie könnte es anders sein, ein Problem. Der Künstler, der sein Bild entwirft, ›folgt‹ einer ›Vision‹: so lautet die Formel. Es liegt nahe, diese Vision mit dem im Modus der Aneignung gegebenen Stoff ineins zu setzen. Die Vision wirkt ›zwingend‹, *weil* der – gegebene – Stoff in ihr *erscheint*. Sie ist ›subjektiv‹, denn sie enthält einen Widerruf: wo gerade noch Unform vorlag, ist jetzt alles Form (bis ›ins Detail‹: verräterischer Ausdruck!). Der Umschlag geschieht plötzlich, jenseits von Zeit und Raum. Er ›tritt ein‹ – als der eigentlich kunstschaffende Akt, denn ohne Vision ist das vollendete Werk buchstäblich ›nichts wert‹. Der Künstler sieht jetzt auch, was unzählige Künstler vor ihm gesehen haben. Er sieht es wie keiner vor ihm – mit *seinen* Augen. Besser gesagt: Es sieht ihn an, denn das, was er sieht, hat ihn gepackt, lässt ihn nicht los, es blickt durch ihn hindurch auf den Betrachter. Und der Betrachter begreift, dass der Künstler keine Wahl hatte, außer in Nebensachen. Der künstlerische Akt besteht also aus zwei Operationen, die er zur Einheit eines ›spontanen Erlebens‹ zusammenfügt: dem Verdikt über eine Form und der Aufhebung dieses Verdikts. Man darf vermuten, dass zwischen diesen beiden Operationen nichts Drittes geschieht, was den Umschlag erklären könnte. Er muss kommen (da sonst keine Kunst entstünde), also wird er kommen. Der Künstler spielt die Komödie der inneren Konvulsion, die ihm abverlangt wird. Während er sie spielt, prüft er in den gewiefteren Regionen seines Bewusstseins das Arsenal der verfügbaren Konventionen, Techniken, Variablen und misst die Kräfte der Widersacher, die er ›in den Bann schlagen‹ muss. Was bleibt, ist der Stoff: Grundlage neuer Erregungen.

24.

Der überlieferten Kunst fehlt, so die durch vielfache Einzelstudien durchlöcherte Überzeugung der Modernevertreter, die doppelte Optik – der Blick, der zugleich die Gegenstände und ihre Behandlung, das Modell und den Maler umfasst. So jedenfalls die Überzeugung der Modernen, die überall dort laut wird, wo ihr Selbstwert ins Spiel kommt: als Gefühl oder Überzeugung. Nicht die Reflexion, heißt das, auf die Gegenstände und Mittel der Malerei, sondern das Insistieren darauf, sie erfunden zu haben, ist der Kern der Modernität. Der Gebrauch, den die Romantiker von ihr machten, verdammt sie auf ewig in die Hölle der Vormoderne: ein für allemal zu kurz gesprungen für die lastende Zukunft, nicht zugelassen in den Regionen der Blasiertheit, die im Immergleichen Erfüllung sucht. Ihre neue Mythologie war die alte, präsentiert im Gewand der Sehnsucht. Moderne kennt die Sehnsucht wohl, aber sie zieht es vor, von der Sucht zu reden und ihren bereitliegenden Stimulantien. Die Maschine, nach deren Beschreibung sie gelüstet, ist kein Hoffmannscher Automat, keine *Enttäuschung*, sondern die Täuschung in der Enttäuschung, die unvermeidliche Reproduktion der Illusion auf illusionslosem Grund. Moderne ist die Ziselierung immer neuer Armaturen, die dies und nichts anderes leisten sollen. *Machen wir uns etwas vor* ... aber was? Die Aufführung dieses Etwas, das vorgibt, zu sein, um damit alle Techniken der Entlarvung in Gang zu setzen, hat die Grenzen der Vorstellung überschritten und sich im Traum eingenistet, im Automatismus der Dekomposition. Nichts ist wie es ist. Aber bekannt darf es sein.

25.

Les Menines, vue d'ensemble (17. August 1957). Der Maler, links im Bild, ist emporgeschossen – ein schnell treibendes Kraut am Rand eines Blumenbeetes, in dem die Infantin und die sie umgebenden Damen allen Duftes beraubt erscheinen. Angesichts der Transformationen, die ihnen bevorstehen, wäre dies die geringste Einbuße. Das Spiel der pfeilartigen Geraden, der scharf geschnittenen Konkaven beginnt bei der Figur des Malers und teilt sich der Umgebung mit. Zur rechten Bildhälfte hin verliert es rasch an Intensität; Bild und Hintergrund sind am Ende eins. Entfernt erinnert der Kopf des Malers an eine elektrische Birne, die den Realitätsgrad der umgebenden Dinge neu bestimmt – man denkt an *Guernica*. Im hereinflutenden Tageslicht verenden sie stumpf. Dieses Licht, das durch die von Picasso geöffneten Fenster ›in den Raum strömt‹, hat nichts Tastendes, das die Szene ›öffnen‹ würde (öffnen? für was?). Es schafft keinen Raum; es schafft ihn ab. Es ist der Schnitt des Kubenschneiders, der die Szene zerstört, um Platz zu schaffen für die Bauklotzwelt.

26.

Die Gliederpuppe, der Wechselrahmen, dazu bestimmt, immer neue Kombinationen von Strichen und Punkten aufzunehmen – was sind das überhaupt für Objekte? Ist es wirklich die Welt, auf den Nenner einer graphischen Phantasie gebracht, die um ihre ›Elemente‹ weiß? Man sollte meinen, niemand sei von ihr jemals völlig überzeugt gewesen. Vielleicht liegt da der Hase im Pfeffer. Das halbherzige, das spielerisch und versuchsweise angenommene, aber mit allen Mitteln der Propaganda gegen die Ungläubigen geschleuderte Credo – wäre das nicht ein Markenzeichen des Kubismus und aller ihm folgenden ästhetischen Fundamentalismen? Überzeugungen haben, ohne überzeugt zu sein – außer von sich und dem Glauben, in einer Welt von Fachleuten ohne sie nicht bestehen zu können –: eine Definition von Moderne auch das. Und nicht die schlechteste. Seit es üblich geworden ist, Fundamentalismus als unverträglich mit dem Geist der Moderne zu geißeln, hat auch in der breiteren Öffentlichkeit das versuchsweise Reden die Aura des Unabänderlichen gewonnen. Vom Künstler allerdings verlangt man, dass er zu dem steht, was er tut oder sagt, obwohl es darauf nicht ankommt: keiner ist gewillt, ihm auch nur einen Augenblick Glauben zu schenken. Doch niemand erlässt ihm das Spektakel der Dringlichkeit: Wer sich ausdrückt, muss – drücken.

27.

Tauromachie. Die aggressiv-nervöse Fixierung, die flüchtig-gespannte Aufmerksamkeit, die allein die Niederlage aufhalten und in den Triumph verwandeln kann, den mitzuerleben alle gekommen sind, das Spiel der Stellungen und Gebärden, das sein Gegenüber in die effektvollsten Posen und Posituren lockt und es so zwingt, sein ›Bestes‹ herauszugeben, den messerscharf täuschenden Anblick sich entladender Wildheit, all diese Akte, die ohne das aufblitzende, das immer gewusste Horn des Stieres so fade und abgeschmackt erschienen wie irgendein Stück künstlich illuminierter Folklore, sie lassen die Frage nach dem Sinn der Veranstaltung nicht aufkommen, weil die Antwort im voraus gewiss ist. Das Wunder

der Tötung erzeugt einen Rausch, der nachwirkt, aber durch den Anblick des erledigten Stiers nichts weiter gewinnt: Kinder und Schlächter vor allem interessieren sich für seinen Verbleib. Deshalb sind Künstlerviten so wichtig. Das Beste an einem Bild muss erzählt werden. Wir sind Kinder, die mauloffen den Kadaver umstehen und denen lauschen, die vorgeben, zu wissen, wie die Dinge sich abspielten. Wir: alle, die nicht bereit waren, den Preis zu entrichten.

28.

Der alternde Picasso liebt das Ornament. Es repräsentiert seine Art der Autonomie. Die Bildgeometrie verdankt er den Vorgängern; sie hat sich bewährt, warum also ändern? Seine Kontur, die auf der Schwelle zur Abstraktion balanciert, drapiert das Gerüst. Sie variiert – und mutiert dabei zu einer Folge von Variationen. Das ist seine Weise, das Bild in Zeit aufzulösen, in den Vorgang der Produktion, mit Erinnerungsstücken behaftet wie mit Verunreinigungen, die dem Stück, dessen Aufführung der Betrachter beiwohnt, Charakter geben. Auch dies ein Experiment: der Versuch des Künstlers, mit der Zeit eins zu werden, mit den Mitteln der Malerei in jedem Moment neue Räume zu schaffen und ihn so zu übereilen. Ein vergeblicher Versuch und ein rasantes Vergnügen, ein Versprechen überdies, eingelöst und übertroffen durch die Technik heutiger Rummelplätze.

29.

In Manets *Déjeuner sur l'Herbe* trifft er auf eine Malerei, bei der die Verwandlung der Stoffe in vollem Gang ist. Der mythologische Stoff – die von Aby Warburg identifizierten Flussgottheiten, wie sie Raimondis Kupferstich zeigt – wird wesenlos angesichts einer anderen Form der Bezugnahme, dem begehrlichen Prickeln, das dem glückverheißenden Spiel des

Lichts entströmt. An einem Werk, das keinen Stoff mehr bindet, kann auch nichts aufgelöst werden. Mangel an Widerstand verurteilt die Neufassung zu leerer Akrobatik; das Zitat verkehrt sich zum Selbstzitat. *Voilà, un Picasso!* Wer hätte das gedacht. Und nicht einer, bewahre: die Varianten drängen sich, alle Stadien der Selbstverwirklichung fluten zurück und schmiegen sich in die Nussschale, als gelte es, den Ararat des Vergessens zu erreichen, auf dem sie endlich frei haben werden. Doch noch sind sie gefügig. Der Wille, der sie durchlief, lebt in ihnen und durch sie. Immer wieder, in Wellen, kommt er auf sie zurück.

30.

Der feine Strich tendiert zum Ornament, der flächige zum Piktogramm. Auch in dieser Hinsicht sind die Variationen zum *Déjeuner* Zwitter. Ihre Anlage ist ornamental; der Versuch, sie in Richtung Piktogramm zu verschieben, stimmt den Betrachter bedenklich. Das liegt nicht am Sujet, sondern an seiner Auflösung durch Manet. Der Betrachter weiß zuviel, um Picassos Scherze zu goutieren. Es sei denn, jeder Scherz wäre ihm willkommen: dann kommt er hier auf seine Kosten. Das Muster aller piktogrammatischen Verwandlung bieten die Studien zur Infantin Margarita María im *Menines*-Zyklus, unter denen zwei auf den achtundzwanzigsten August datierte Blätter das graphische Skelett fixieren, von dem der Maler, scheinbar anstrengungslos, zur ›Gestalt‹ zurückkehrt. Doch das Piktogramm ist keines, allenfalls ein Piktograph, eine Handschriftenprobe. Das Zeichen eine Waise – umgewendet das Blatt, auf das es verweisen sollte, und in den Schwarm der gleichartigen tritt es als das traumbehaftete isolierte Ding da, ohne weitere Beziehung zu ihnen als die der Reihe, in der es Aufstellung nimmt.

31.

Wer sich aufs Dechiffrieren verlegt, mag gelegentlich irren, aber er liegt nie falsch. Welcher Kopf einst auf welchen Schultern saß, welcher Hüftknochen einst von wessen Korsett umspannt und von wem befingert wurde, dergleichen in zäher Kleinarbeit erworbenes Herrschaftswissen wird stets das Raunen der Experten eintragen und die Neugier des Publikums entfachen. In Picassos Fall sorgt das ausufernde Privatleben für Klatschgeschichten zuhauf; die Musenmaschine muss immer wieder mit äußerster Sorgfalt auseinandergenommen und von allen Richtungen her begutachtet werden. Und jedesmal ist der neueste Trend im Westen gerade recht, um solche Aktivitäten zur frohen Botschaft aufzuschwemmen. Die ›Dimension des Privaten‹ schien dem einen oder anderen geeignet, dem ›Diskurs der Moderne‹ im Vorbeigehen ein Schnippchen zu schlagen. Doch Vorsicht: Wer aus den Bildern die Theorie entfernt, dreht im *Museu Picasso* das Licht aus.

32.

Die elementaren Themen, das Spiel der Verweisungen zwischen Maler und Modell, der erinnernde Wurf und der ausgreifende Rückbezug auf alles, was bereits Picasso hieß, das sind die Koordinaten des Spätwerks, die Bälle, deren Kreisen den Raum trügerischer Sicherheit aufspannt, in dem sich der Maler bewegt. Die rastlose Bewegung steigert und staut sich an der Ungeduld dessen, der weiß, dass seine Vorräte nicht schrumpfen, sondern anwachsen. Die überreiche formale Begabung, die in jedem Ansatz neu triumphiert, wird pulverisiert und dem Bedürfnis des Intellekts geopfert. Spuren der Hast markieren den Kampf gegen ein traumhaft unverwüstbares Können, dessen beiläufigste Äußerung den Gedanken der Vollendung nahelegt. Sie soll nicht sein, der Künstler eilt, ihn durchzustreichen. Die Arbeiten, die im Palast der Päpste zu Avignon entstehen, bezeugen die Stärke des Impulses. Die verrinnende und zerstörende, die hervortreibende Zeit, Feind aller Vollendung, verschafft sich gewaltsam Zutritt zu den Bildern. Nur im Reflex der Hand, die eilt und sich schwindend erhält, zeigt sich der Herr der Formen. Freilich ist es eine hochdotierte Hand, und der Pinsel, den sie führt, hat etwas von einer Bankaktie. Es ist eine erfahrene Hand, in jeder ihrer Bewegungen schwingen unzählige Formen nach. Was aus ihnen entsteht, gewollt prätentionslos entsteht, ist wirklich ein Stück Zeit geworden, nicht der verrinnenden, sondern der verronnenen, der Epoche.

Die Niederlage des E. M. Cioran

33.

Wie man weiss, ist der Weg ins Nichts mit Hindernissen gepflastert. Kein Schriftsteller, der sich ihrer liebevoller und inständiger angenommen hätte als Cioran: fluchend, nörgelnd, ätzend und vergrätzt, immer aber mit dem Sinn für die großen und kleinen Pointen dieses Hindernislaufes, nach dem man bei der Konkurrenz von der Esoterikerfront vergeblich Ausschau hält und dem man vielleicht bei den Kirchenvätern – einer seiner bevorzugten Lektüren – hin und wieder begegnet. Allerdings fürchte ich, dass nur wenige Leser dieses komische Œuvre begreifen, und auch ich wäre meiner selbst keineswegs sicher, wäre ich nicht während meiner Studentenzeit eines schönen Tages die Stufen zur Wohnung des Verfassers hinaufgestiegen, um seine Bekanntschaft zu machen: ein Entschluss, aus dem eine etwas schmalbrüstige Freundschaft hervorging, deren Reiz für den alten Herrn wohl auch in der Neugier gründete, die er für alles Deutsche an den Tag zu legen pflegte.

34.

Dem Niederschlag dieser Neugier begegnet man hier und da in seinen Schriften – es handelt sich um jene Mischung aus Respekt und Geringschätzung, die schon Dostojewski gegenüber den Deutschen bekundete und die das Neben- und Ineinander von Tüchtigkeit und Pedanterie, von gedanklicher Präzision und mentaler Enge, durch das dieses Volk seinen östlichen Nachbarn auffällig war und ist, auf der eigenen Werteskala verrechnet. Man könnte über dergleichen Fremdbilder zur Tagesordnung übergehen, wenn unser Autor damit nicht den weitergehenden Vorwurf verbände, anders als Franzosen oder Engländern sei es den Deutschen im Lauf ihrer Geschichte nicht gelungen, eine eigene Staatsidee zu entwickeln. Ein Versagen, das im nationalsozialistischen Staat finale Züge bekommt: statt die Marxsche Idee als Summe des deutschen Idealismus auch in der Wirklichkeit durchzuführen, habe sich diese ›talentierte Nation‹ einem Tribalismus verschrieben, der weder ihrer noch Europas würdig gewesen sei. Wer daraus auf marxistische Sympathien schließt, geht in die Irre. *Eine Idee durchführen:* der bloße Gedanke reibt sich heftig am Skeptizismus des aus der Rolle gefallenen Mystikers. Der Vorbehalt, mit dem er Nietzsche begegnet, gilt dem Prediger, der zum Propheten wird. Nietzsche ein Renegat des deutschen Idealismus wie der heilige Paulus ein Renegat des antiken Judentums, aus der Art geschlagen und ihr bis zum Ende verhaftet: diesem Klischee gewinnt Cioran Varianten ab, die allerorten in seinen Schriften Dienst tun. Es war wohl ein Herderscher Gedanke, jedes geschichtliche Volk sei dazu berufen, die ihm eigentümliche Idee in seinem Handeln und in seinen Institutionen zu realisieren, himmelweit unterschieden von jenen ›westlichen‹ Ideen, für die wir heute einzustehen glauben. Ein Gedanke immerhin, der auch in Ost- und Südosteuropa Wirkungen zeitigte und heute hier und da wieder zeitigt. Mit Nietzsche zu sprechen: in diesen Gedankengängen ist viel Balkan-Luft, auch heiße Luft, wie der hier und da unwillig werdende Bewunderer zu konstatieren nicht umhinkommt. Dabei findet man gerade in ihnen die Emigranten-Lektion beherzigt – während er kommenden Barbareien das Wort redet, die den ›realisierten‹ Nationen einen mehr oder weniger schönen Untergang bereiten werden, erklärt er sich in deren Dekadenz heimisch und macht sie zu seiner ureigensten Sache.

35.

Es kann verblüffen, wie wenig von der mönchischen Energie, die in seinen Schriften am Werk ist, diesem *furor negativus*, den Gesprächspartner Cioran auszeichnete: letzterer schien geradezu besessen zu sein von den Machtspielen der internationalen Politik. Für einsichtige Leser liegt es auf der Hand, dass seine Gedankenspiele vor dem Hintergrund der dreißiger und vierziger Jahre Kontur gewinnen. Es ist für ihn die Zeit der Entscheidungen. Als der Stipendiat der Humboldt-Stiftung 1937 in Paris eintrifft, der Endstation einer Reise, welche die klassischen Züge einer intellektuellen Suche trägt, bringt er eine Karte der europäischen Angelegenheiten mit, in die er zwar noch den einen oder anderen Zug einzeichnen wird, die aber im wesentlichen keine Änderungen mehr zulässt. Die eine Option schließt die andere aus; er lässt Deutschland hinter sich, ohne es hassenswert zu finden. Sein Hass ist anderweitig beschäftigt. Nach dem Krieg werden ihm seine deutschen Gesprächspartner im weitesten Sinne zur Belustigung dienen: ihre rituelle Distanzierung vom nationalen Kollektiv sollte ihn wie eine unverhoffte Karikatur seines eigenen ›Denkwegs‹ erheitern und erschrecken.

36.

Dieser Denkweg – das Wort sei gebraucht, weil es nicht zum Repertoire des Autors gehört und das Dilemma des statischen Denkers so prachtvoll illustriert –, dieser Fortgang des Denkens ist gezeichnet durch Verwerfungen, durch Druck- und Sogverhältnisse, die sich der Iteration verdanken. Das kann nicht überraschen; wer sich der endlosen Wiederkehr ein und desselben Gedankens verschreibt, der liefert sein Denken unweigerlich an Kontingenzen aus, die er weniger überblickt als durchlebt. Am Ende darf er sich glücklich schätzen, den Auszug des Heilsgedankens aus dem Gelobten Land als einen neuen Exodus betrieben und erfahren zu haben. Der Mystiker endet als Rabulist, nicht weil ein Verhängnis ihn dazu trieb, sondern weil ihm die moderne Medizin das Weiterleben beschert, das über kurz oder lang jedem fixen Gedanken den Prozess macht. Ein Gedanke, nein, ein *Un*gedanke ritzt seine Kerben in das Gehäuse dieses Geistes, der ihm nach und nach zum Gefängnis wird. »Ich erinnere mich«, schreibt Cioran im *Buch der Täuschungen*, »mit unbändiger Rührung an die außerordentliche Wirkung, die Georg Simmels Worte auf mich ausübten: ›Es ist erstaunlich, wie wenig von den Schmerzen der Menschheit in ihre Philosophie übergegangen ist.‹« Das Denker-Idol, so soll man diese Aussage lesen, ist identisch mit dem Philosophen, der die Philosophie *ad acta* legt – weniger aus Müdigkeit als aus der Überzeugung, dass dies ihr angemessener Ort ist, da sie »den Menschen nichts zu sagen hat«. »*Wissen* und dich *Trösten* begegnen einander nirgends. Die Philosophen kennen nichts, was ihnen not tut ... Jede Philosophie ist enttäuschte Erwartung.«

37.

Und, so ließe sich fragen, wenn es so wäre, was wäre damit entschieden? Ist eine absolute Erwartung nicht von vornherein enttäuschte Erwartung? Wäre es nicht legitim und sogar zwingend, sie zu enttäuschen, soll heißen, die Täuschungen namentlich zu benennen, die sich hinter dem Ideal der auf eine trügerische Dauer gestellten Ekstase verbergen, bevor die schlaflosen Nächte vorsätzlich induzierter Qual sie abzunutzen beginnen? Was hätte die Zermürbungsschlacht, die das Individuum gegen sich selbst zu führen beginnt, sobald es eigenes und fremdes Leiden als Mittel einer Gottwerdung plündert, der ihre krachenden Abstürze von vornherein eingeschrieben sind, einem Denken voraus, das seine Mittel wägt, bevor es die nächstbeste Behauptung über den Zweck des Daseins ›in den Raum‹ oder vielmehr ins Schaufenster stellt? Was würde sie bewirken, das den Tonfall der Überlegenheit in Sätzen wie »Ideen, die nicht ein Schicksal widerspiegeln, sondern andere Ideen, haben überhaupt keinen Wert« rechtfertigen würde? Was könnte diesen einen gegen die simple Umkehrung immunisieren, die da lautet: *Schicksale, die nicht eine Idee widerspiegeln, sondern andere Schicksale, haben überhaupt keinen Wert?* Was außer der Einsicht, dass es sich beide Male um gehobenen Humbug handelt, den gegeneinander abzuwägen den Aufwand nicht lohnt, weil man sich erst darüber unterhalten müsste, was eigentlich Ideen sind und wie sie fungieren? Das wiederum hieße zu philosophieren, und wie sagt der Autor? »Schmerzlich, aber wahr: ihr könnt so viele Philosophen lesen, wie ihr wollt, aber ihr werdet nie fühlen, dass ihr andere Menschen werdet.« Fühlen also müsst ihr, es sei denn ... es sei denn ... Aber warum stocke ich? Worin liegt die Nötigung seitens eines Gefühls, das sich nicht von selbst einstellen will? Wieviel ist eine künstlich herbeigeführte Unmittelbarkeit wert, wenn der Wert gerade in der *Unmittelbarkeit* liegen soll, die dem Gefühl im Gegensatz zum Gedanken eigne? Und wer sagt mir eigentlich, Gedanken seien dem Denkenden weniger unmittelbar als Gefühle? Wer schließlich sagt mir, Unmittelbarkeit sei ein Wert und sogar der Wert, *ohne* den alles nichts wert sei? Solche Fragen drängen sich auf, manche davon sind unabweisbar, unabweisbarer jedenfalls als ein durch mancherlei Seelengymnastik ›errungenes‹ Gefühl. Wer sie aussperrt, den suchen sie durch die Hintertür heim. Dort aber lauert die Angst.

38.

Das *Buch der Täuschungen* ist 1936 in Bukarest erschienen, liegt also vor der Erfahrung, deren lapidarste Fassung lautet: »In Gott bist du einsamer als in einer Pariser Mansarde.« Was zu beweisen wäre, falls irgendeine Art von Beweis denkbar erschiene. Fest steht, dass der Hunger nach Gott, eingesperrt in die Pariser Mansarde, einen anderen Geschmack und eine andere Prägung annimmt, so dass selbst einem, der sich zu rühmen untersteht: »Es würde mich stören, als Anhänger Schopenhauers oder Nietzsches bezeichnet zu werden; doch würde ich meiner Freude Herr werden können, wenn man mich *der Heiligen Jünger* hieße?« irgendwann zwangsläufig der Gedanke kommen musste, nicht mehr ganz der alte zu sein, so wie dieser Gott auch, der jetzt wechselweise ›das Nichts‹ und ›die Leere‹ heißt, je nachdem, ob sich der Autor mehr westlichen oder östlichen Meditationsformen anzunähern beliebt. Ausgesperrt bleibt bei alledem die Philosophie: dem Denker, der sich *usque ad infinitum* in den Paradoxien der Existenz herumwirft, scheint die eine unbekannt geblieben zu sei, die da lautet: Niemand steigt zweimal in denselben Fluss. Nicht von ungefähr wurde sie von Heraklit an den Anfang der Philosophie gestellt. Dort steht sie gut.

Es gibt Schriftsteller, die in der Situation Ciorans zum Widerruf neigen. Die Figur des Renegaten hat ihn zu verschiedenen Zeiten beschäftigt, doch als Mittel der Selbstauslegung scheint er sie schließlich verworfen zu haben. Stattdessen erobert sich der zum Intellektuellendasein Entschlossene ein neues Feld: die Kehrseite der Ekstase, die Höllenstürze, die sie unweigerlich im Gefolge hat, die abgewunkenen Aufbrüche, die Leerzeiten des Süchtigen, die Qualen des Entzugs. Man darf bezweifeln, dass die Fülle seiner Beobachtungen, Notate, Zynismen einen wirklich neuen Gedanken enthält. Doch das hat, in der Weise der Groß- wie der Kleinschreibung, *nichts* zu bedeuten. Ein jedes Nichts kommt gerade recht, wenn der Denker die Qual der Erkenntnis beschreibt, nachdem er die

Qual als Mittel der Erkenntnis in Anschlag gebracht hat. Die wahrhaft erschütternde Erfahrung, zu der Cioran in den Jahren gelangt, in denen die künftigen Vorturner des Existentialismus sich für die vor ihnen liegenden Aufgaben präparieren, besteht darin, dass, wie die Qual, sich auch das Nichts abnützt – abnützt durch den Gebrauch, den der Einzelne von ihm macht, abnützt durch eine Wiederholung, die erst das Denken als *Wieder*holung kenntlich macht, die also in der Erfahrung des Sich-Wiederholens sich als Denkakt und ihren Inhalt als einen Gedanken just der Sorte offenbart, deren Nutzlosigkeit er den Philosophen vorwirft. Die tragische Episode im Leben des E. M. Cioran besteht in der Entdeckung, dass er philosophiert. Von diesem Augenblick an – immer gibt es einen solchen Augenblick, auch wenn keine Erinnerung ihn herbeizuzitieren vermag – ist seine Niederlage besiegelt. Die wohlerwogene Entscheidung, von einem bestimmten Zeitpunkt an nicht mehr zu schreiben, verdankt sich dem im Laufe der Jahre unüberwindlich werdenden Ekel vor der Wiederholung, der als Selbstekel die Einsicht in die Bedingtheit der eigenen Schreib- und Denkart forciert.

39.

In welchem Sinn ist ein solcher Mensch Nietzscheaner? Wie die Stelle über Nietzsche und die Heiligen beiläufig verrät, gehört er zur Klasse der süchtigen Leser, deren es im Europa seiner Zeit mehr als genug gab. In einem ganz anderen Sinn verschwindet das Problem, wenn man sich klarmacht, dass es eine literarische Existenz wie den Cioran der vierziger und fünfziger Jahre in Deutschland nicht hätte geben können. Nicht auf Grund der handgreiflichen Katastrophen der Zeit, sondern weil die veränderte Ausrichtung, zu der die Pariser Mansarde sein Denken nötigt, es im deutschen Sprachbereich unweigerlich hätte schal werden lassen. Ciorans Hinwendung zur französischen Sprache in den vierziger Jahren hängt auch mit der mehr oder weniger klaren Einsicht zusammen, dass die Position, die er einzunehmen gedenkt, in ihr noch frei ist, während er im Deutschen über einen zweitklassigen Nietzsche-Aufguss nicht hinausgelangt wäre. Der Wechsel ins Pariser Milieu ermöglicht nicht nur das ungehemmte Einfließen von Nietzscheanismen in seine Schriften, sondern macht es beinahe zwingend. Erst der skeptisch geimpfte, psychologisch versierte und gegen die Zumutungen einer mit dem Materialismus verbündeten Gesinnungsethik ideenkritisch immunisierte Mystizismus erscheint geeignet, den Anmutungen des Intellektualismus der dreißiger Jahre auch außerhalb bestimmter osteuropäischer Emigrantenkreise standzuhalten. Im Grunde genügt Nietzsches Aufsatz *Über Wahrheit und Lüge im außermoralischen Sinne*, um ein Brevier für Überlebenskünstler seines Schlages zusammenzustellen, und für manchen wird die eine oder andere Nietzsche-Schrift diese Funktion am Ende vermutlich übernommen haben. Man fühlt sich daher ebenso gerührt wie erheitert, in der deutschen Übersetzung der noch auf rumänisch geschriebenen *Gedankendämmerung* zu lesen: »Ich will in die Geschichte des menschlichen Geistes mit der Brutalität eines mit dem raffiniertesten Diogenismus geschmückten Metzgers eingreifen.« Nur zu! möchte man ermuntern; erwägt man das durch die holprige Übersetzung lose hindurchscheinende Gemeinte, so versteht man, dass hier einer seine eigene Götzen Dämmerung vorbereitet und wild entschlossen ist, zu diesem Zweck mit dem Tranchiermesser zu philosophieren, soll heißen herumzufuchteln. Der bald sich einstellende Ekel vor der Wiederholung ist also doppelt motiviert, und es gereicht Cioran zur Ehre, das Problem erkannt und auf eine nicht unplausible Weise gelöst zu haben.

40.

Das Problem der Wiederholung ist ja selbst ein Nietzsche-Problem, und da letzterer als klassischer Philologe seinen Heraklit respektiert, ist er geneigt, es im Goetheschen Sinn anzugehen, also als Steigerung: ›Dekadenz‹

ist in diesem Milieu kein Schimpfwort, sondern eine Vokabel, die Ambivalenzen verbürgt. Selbst der Gedanke der ewigen Wiederkehr verschränkt sich auf eine logisch etwas anrüchige Weise mit dem Gedanken der Steigerung; ohne den einen bliebe vom anderen nur ein leeres Blatt. Hier wäre also eine absichtsvolle Differenz zwischen Cioran und Nietzsche zu konstatieren, ein willkürliches Ausbrechen des Adepten aus eingefahrenen Gleisen der Auslegung kultureller Prozesse, die den Prozess der Selbstwerdung einschließen. Streng genommen gibt es diese Selbstwerdung für Cioran nicht: wenn das Selbst eine biologisch vorgegebene Illusion ist, die es in Richtung auf das Nichts zu überschreiten gilt, dann gibt es daran nichts, was sich steigern ließe. Im Gegenteil, jeder Versuch, das individuelle Dasein zu steigern, ist nur geeignet, jene ›Fresse‹ im Antlitz des Arrivierten hervortreten zu lassen, die mehr als alles andere den Unwert des Erreichten – und Erreichbaren – unterstreicht.

41.

Den Gedanken der Abnutzung formuliert Cioran am Beispiel der Todesangst: »Um dich von dem Erbteil des Menschlichen zu läutern, lerne den Tod in dir, den Tod an deinen Kreuzwegen zu ermüden, aufzulösen, zu korrumpieren.« Was als probates Rezept erscheint, um die Angst zu bekämpfen, entpuppt sich bei näherem Hinsehen als Versuch, einen fatalen Mechanismus für einen begrenzten Zweck arbeiten zu lassen, der über alle Zwecke hinaus das Leben des Geistes bestimmt: »Der Sterbensdrang muß dich lange ergriffen haben, damit du den Todesüberdruß kennenlernst. Angeödet von der Untergangssucht schlägst du ins Gegenteil der Angst vor Selbstverlöschung um.« Denn: »Obgleich der Tod genauso wie Gott das Ansehen des Unendlichen genießt, gelingt es ihm – wie diesem – auch nicht, die Qual der Übersättigung zu verhindern oder die Bürde des Exzesses und die Gereiztheit langwährender Intimität zu lindern. Wenn uns das Unendliche nicht langweilte, gäbe es dann noch Leben?« *Wenn uns der bestimmte Gedanke nicht langweilte*, so ließe sich ergänzen, *gäbe es dann noch Denken?* Denn auch ein mit ›Inbrunst‹ gedachter Gedanke bleibt Gedanke. Allerdings teilt jene mit der Gedankenlosigkeit die fatale Eigenschaft, von einem Extrem ins andere zu fallen und den sinnlosen Wechsel für einen Fortschritt ins Ungewisse zu halten. Im Unendlichen, wie Cioran es versteht, herrscht Kreisverkehr. Dessen endliche Komponente findet er in der Dekadenz; die Angst vor dem Verlust der Vitalität beherrscht das brünstige Denken und nährt sein Grauen vor sich selbst.

42.

Cioran, das ist der eingebildete Kranke: mit einem Tritt aus dem Bett zu befördern, wie es bei Kafka heißt. Sein Leiden heißt Dekadenz; nachdem er alle Welt damit infiziert sieht, fällt es ihm leichter, das Übel am eigenen Leib zu diagnostizieren und zu relativieren. ›Am eigenen Leib‹: also an demjenigen Teil der Person, der uns zwingt, jeden Morgen und jeden Abend die Komödie der Auferstehung und der Grablegung aufzuführen, wie die *Lehre vom Zerfall* das nennt, und dabei der allmählichen Abnahme seiner Kräfte und Fertigkeiten zuzusehen. Vom Geist ist dabei nicht die Rede: weder kompensiert er den Zerfall noch beschleunigt er ihn. Der Geist – oder was dieser Expropriateur nächtlicher Bitternisse dafür hält – ist sein Begleiter, allenfalls sein Agent. Was wäre der schönste Abbau von Kräften, wenn ihm der Geist nicht zuspräche? Darin besteht eines der nicht quantifizierbaren Gesetze der Ökonomie, die stets eine des Leidens ist; ohne Dekadenz gäbe es nur Verschwendung. Das Erste aber bleibt das Blut: »Alle Luzidität ist Ruhepause des Blutes.« Eine Überzeugung, der man erst dann richtig auf die Schliche gekommen ist, wenn man entdeckt hat, dass er Gott einen Bluterguss nennt.

43

»Skeptische Hoffnungslosigkeit *und* dogmatischer Trotz«, so heißt es in der *Kritik der reinen Vernunft*, sind »der Tod einer gesunden Philosophie, wiewohl jener allenfalls noch die **Euthanasie** der reinen Vernunft genannt werden könnte.« Dem würde Cioran zustimmen, er würde es allenfalls um die Bemerkung ergänzen, ein solcher Satz bringe seine Einwände gegen die Philosophie wie gegen die Gesundheit auf den Punkt. Dekadenz, darauf beharrt er mit einem Eigensinn, der den Liebhaber fixer Ideen anzeigt, ist die praktizierte Unfähigkeit, ohne Gewissensbisse zu morden. Dass die Henker dieser Welt Gründe benötigen, um ihr Handwerk zu verrichten, zeigt das volle Ausmaß der Katastrophe. Das ist zynisch – oder ›diogenetisch‹ – gedacht, aber in Maßen: Gründe hemmen den Lauf des Geschehens, sie strecken das Leben, das gelebt, nicht bedacht sein will. Und was heißt schon ›bedacht‹? ›Äußerste Verbrauchtheit‹ zeigt sich bereits im Wort – nicht in diesem, nicht in jenem, sondern im Wort schlechthin: »Es gibt etwas, das an Schmutzigkeit, Abgenütztheit und Zerrüttung selbst der gesunkensten aller Dirnen nicht nachsteht – ein den Zorn Reizendes und zugleich Irremachendes, einen allaugenblicklichen Gipfelpunkt unserer Wut: das Wort, jedes Wort, oder, genauer gesagt, das Wort, dessen man sich gerade bedient. Ich sage Baum, Haus, ich herrlich, dumm; was ich auch sagen mag, jedesmal träume ich dabei von einem Mörder, der endlich mit diesen Haupt- und Beiwörtern, mit all diesem ehrwürdigen Gerülpse aufräumte.« Aber dazu, jedermann weiß es, bedarf es keines Täters: der Tod, der unweigerlich mit den Wörtern ›aufräumt‹, ist der Mörder des Geistes, der Körper erschlägt den Geist, der schon lange von diesem Augenblick träumte.

44.

Wer ›Leben‹ sagt, der vergeht sich an ihm. Leben lebt. Genuiner Ausdruck dieses Sachverhalts ist der Totschlag am *Anderen*. Jeder Mord, den sich einer versagt, ist ein Stück Zerrüttung, er vergiftet den Körper, er bezeugt jenen Abfall vom Absoluten, den Cioran – nicht sehr originell – ›Zersetzung‹ nennt. Mit diesem Bekenntnis reiht er sich in die intellektuelle Narrenzunft jener Jahrzehnte ein: der Liberalismus, das Geltenlassen ist für ihn das Stadium der Agonie im Leben des Einzelnen wie der Kulturen. Nur die Weise, auf die er es tut, macht ihn verdächtig: der Mord als schöne, als politische, als kranke Tat, sie alle haben ihre Rechtfertigung erhalten und wieder entzogen bekommen, je nachdem, wie sich das allgemeine ›Klima‹ gestaltete, in dem ›Denken denkt‹, falls dies kein Euphemismus sein sollte. Der Nachdruck, mit dem Cioran bei jeder passenden und unpassenden Gelegenheit auf die Mordlust als das *primum mobile* der Gattung zurückkommt, enthält eine Beigabe von Hohn, wenn nicht von Satire.

Hohn worüber? Die Frage ruft mir eine Bemerkung ins Gedächtnis, die sich auch in den Erinnerungen weiterer Gesprächspartner finden dürfte. Jean-Paul Sartre, versicherte er, musste erst gestorben sein, damit er – Cioran – da sein konnte. Damals bezog ich diesen Satz auf die jahrzehntelange Dominanz des Marxismus im intellektuellen Frankreich. Inzwischen bin ich mir dessen nicht mehr so sicher. Sartre, das war für ihn – bei aller denkerischen Eleganz – unter den Zeitgenossen der Moraltrompeter von Säckingen, den er noch aus den skeptischen Tiraden des bewunderten mittleren Nietzsche herauszuhören gelernt hatte und dessen Fanfaren ihn den *Zarathustra* für ein törichtes Buch halten ließen. Damit aber war jener, wenn schon nicht der Feind, so doch das ideale Objekt jenes Hasses, den er so oft beschreibt und den er im Selbsthass zu erlösen gedachte – auf Kosten eines Selbst, an dem ihm – wiederum *idealiter* oder eher *virtualiter* – nichts lag.

45.

Nicht selten hat es den Anschein, als gebe er Nietzsche in seinen Büchern noch einmal, mit allen Peinlichkeiten, die ein solches Unterfangen bereithält. Der Eindruck beschränkt sich nicht auf die aphoristische Form und den persönlichen Schreibduktus: hier bleibt er seltsam oberflächlich. Weder Ciorans Stil noch seine Denkweise sind ›nietzschesch‹, jedenfalls dann nicht, wenn man vertretbare philologische Maßstäbe anlegt. Dafür wimmelt es von Nietzscheanismen selbst dort, wo er dessen Auffassungen mit Fleiß widerspricht. Die Diffusion dessen, was man seinerzeit ›nietzscheanisches Gedankengut‹ nannte, unter den Schriftstellern seiner wie bereits der vorangegangenen Generation lässt seine Reflexionen als eine Art Fokus erscheinen, der das Zerstreute bündelt und bei dieser Gelegenheit die Spuren fremder Behandlungen, nicht selten Misshandlungen an den Tag bringt. Cioran, der Lumpensammler des reaktionären Nietzscheanismus – man könnte an diesem Bild Gefallen finden, wenn es nicht, wie gesagt, den Satiriker unterschlüge, der Meinungen absondert, um sie auszusondern und ihrer Absonderlichkeit preiszugeben. Eine Atmosphäre des Ausverkaufs herrscht spürbar in den späteren Schriften. Was immer sie berühren, sie verramschen es zu Preisen, die deutlich unter den Herstellungskosten liegen. Die Leidenschaft des Aphoristikers passt sich der Leidenschaft des Verkäufers an. Logik, Psychologie, Sprache – die Herkunft eines Gedankens wiegt gleich viel, gleich wenig: es läuft stets auf dasselbe hinaus; das Eingeständnis des Besitzers, ihn sich nicht mehr leisten zu können, also fort!

46.

Man denke sich Cioran als einen entfernten Nachfahren Nietzsches: *Le petit Monsieur N.*, wohnhaft Paris, Rue de l'Odéon. Das war nicht immer so, der Balkan – am Ende beinahe ebensosehr ein Produkt der Einbildungskraft wie Nietzsches Florenz – bleibt als Quellgebiet jener traurigen Mordlust, die Leben heißt, allgegenwärtig. Dazu zählt das vergangene eigene wie das künftige Leben des Erdteils, das er nicht mehr kennen wird, weil er sich früh entschieden hat: für das Exil, für die Dekadenz, für den Teil Europas, der etwas pauschalisierend der Westen genannt wurde und die amerikanische Option noch ausschloss. In gewisser Weise beendet das jüngste amerikanische ›Eingreifen‹ auf dem Balkan die Geistesepoche, in der ein Cioran seinen Platz fand; ich versuche mir vorzustellen, was er dazu gesagt hätte, und verzichte. Man darf davon ausgehen, dass einer wie er kaum mehr als die Funktion des Pausenclowns erfüllt. Da erscheint es nur gerecht, dass jede Art neuer Ordnung seinesgleichen automatisch ausschließt. Der Lektüre tut es ohnehin keinen Abbruch.

3

Krisenschach

Die Intelligenz, das ist doch nicht der Sachverstand,
der sich von Fall zu Fall zu Wort meldet, das ist vielmehr
die Interessenschaft derer, die ihren Intellekt
zu Markte tragen, begabte Kerlchen, um das Wort eines selbst
hinreichend willfährigen Zeitgenossen aufzunehmen,
Begabungsruinen, wenn Sie verstehen, was ich meine ...
Antonin Paget

1.

Philosophie beginnt nicht, sie bringt zu Ende. Was sie zu Ende bringt, von Fall zu Fall, ist das vor- und umlaufende Gerücht, was es mit dem Denken und der Erkenntnis überhaupt wohl auf sich habe. Denn kein Denken ist so methodisch, dass es nicht Ansichten produzierte, die zwar keineswegs zur Sache gehören, aber sie doch in einem gewissen Licht erscheinen lassen. *In einem gewissen Licht* oder im Licht der einen oder anderen weltanschaulichen ›Gewissheit‹. Der philosophische Gestus ist der des Prüfers: schlechte Gründe, schlechte Karten. Das Unglück der Philosophie will es, dass niemand außer ihr diese Gründe für wesentlich ansieht, verständlicherweise, da sie die Stelle der einfachen Gewissheit besetzen, woran keinem liegt. Was bleibt ihr also anderes übrig, als die Konkurrenz der Ansichten auf eigenem Grund und Boden zu reproduzieren? Das bedeutet, dass sie mit den guten auch die schlechten Gründe in ihre Regie nimmt. Doch sind es dann noch die der anderen? Umgekehrt: Was bliebe von der Philosophie, wenn man ihr die schlechten Gründe wegnähme? Etwa die guten? Aber keineswegs: Wozu sollten sie gut sein?

2.

Konstruktivismus und Destruktivismus: zwei formale Optionen des schulmäßig betriebenen Räsonnements. Zwei Weisen, die freie Konkurrenz der Ansichten zu disziplinieren. Beide fußen auf ein und demselben Gedanken: Ansichten sind teilbar, sind teils richtig, teils falsch. Man muss sie also verbessern oder verschlimmern. Konstruktive Verfahren entstammen dem Ehrgeiz, die falschen Ansichten als unzureichende Fassungen richtiger Ansichten zu lesen. Kein System kommt ohne Vertrauen in das begrenzte Recht des undisziplinierten Denkens aus: Am rechten Ort, so der Hintergedanke, wird es sich schon fügen. Anders der Destruktivismus, der die Konkurrenz der Ansichten verschärft, bis sich jede selbst widerspricht – auch er ein Formalismus, aber ein indifferenter.

3.

Es gibt gute Gründe dafür, Moderne als die Epoche der alle ›Bestimmtheiten‹ auflösenden Reflexion zu begreifen. Doch sollte man nicht vergessen – und auch gelegentlich zugeben –, was es heißt, die destruktivistische Karte zu spielen. Glaubte man der Sprachregelung der De*kon*struktivisten, dann bestünde die Aufgabe darin, die Bestandteile des konstruierenden Denkens dem Systemzwang abspenstig zu machen, der sie hervorgebracht hat. Das ist schöner Schein. Kaum in Betracht gezogen, verwandeln sich ›Vorgaben‹ aller erdenklichen Art in Mythen, deren Entlarvung zum angestammten Geschäft der Kritik zählt: Sie findet sie allenthalben. Das hat seinen Grund; schließlich versteht sie unter ihnen nichts weiter als alle Entwürfe, die noch nicht die wahrhaft angemessene Form des Dilemmas gefunden haben. Destruktivismus als Strategie ist die Schwundform der Moderne, die Nobilitierung des unglücklichen Bewusstseins, dessen Karikierung stets zu den Handreichungen der anderen Seite zählte. Nach zweihundert Jahren geborgten Daseins scheint es hinreichend erkräftigt zu sein, um aus eigenem Anlass zu existieren und dagegenzuhalten.

4.

Der Destruktivismus lebt von den Zinsen eines Kapitals, das durch keine noch so waghalsige Spekulation angegriffen werden kann: die Einsicht in die Unübersteigbarkeit des Bewusstseins in allen Fragen der Erkenntnis. Es ist eine der leichteren Übungen, die Irrläufe nachzuzeichnen, die das europäisch geprägte Denken unternommen hat, um dieser Falle zu entkommen. Die angebliche Unhintergehbarkeit der natürlichen Sprachen – nüchtern besehen ein Monopolanspruch der sie ausbeutenden Disziplinen –, die ›neuronale Struktur des Denkens‹ oder evolutionssoziologische ›Evidenzen‹ eines zweckmäßig reduzierten Wahrheitsanspruchs: jedes dieser Lehrstücke gibt ihm Gelegenheit, genüsslich darauf zu beharren, dass Lehrstücke dieses zweifelhaften Kalibers, in denen der Fortschritt sich seine Gasse bahnt, nur um den Preis kulturellen Vergessens zu haben sind. Schwerer fällt es ihm, die Waffen der Kritik gegen den eben noch geplünderten Transzendentalismus zu richten. Bei Licht besehen ficht ihn auch das wenig an: Dass der Gedanke nicht das Gedachte sein kann, dass ›Denken‹ und ›Sein‹ – oder wie die Gegensatzpaare lauten mögen – nicht nur auf ewig geschieden sind, sondern die Scheidung stets nur von einer Seite, der des Denkens, proklamiert wird, ohne sich in der Praxis als durchführbar zu erweisen – der nicht enden wollende Schmerz über dieses Dilemma der Vernunft reißt den Destruktivisten gelegentlich zu Taten hin, deren er sich bei ruhiger Gemütsverfassung kaum brüsten dürfte, und die ihre einzige Erklärung im vatermordenden Elan des erkenntnistheoretischen Scheidungsopfers findet. Die Kinder, man weiß es, sind immer die Leidtragenden.

5.

Auf dem Weg ins Abseitige gelingen ihm allerdings Funde, die geeignet erscheinen, sein Unternehmen auf absehbare Distanz zu rechtfertigen: kecke Versicherungen, in denen sich die Ahnungslosigkeit ihrer Urheber mit schroffer Geltungssucht paart, ohne die im akademischen Betrieb genauso wenig an ein Fortkommen zu denken ist wie anderswo. Ihr unerreichtes Vorbild bleibt das Freudsche Schema der drei Kränkungen, die der Menschheit von der Wissenschaft angetan wurden – die kosmologische, die biologische und die psychoanalytische. Selbstredend trifft jeweils die letzte den empfindlichsten Nerv. Da erstrahlt die Haltung des Arztes, der seinem Patienten anvertraut, dass er ihm jetzt *ganz ganz weh* tun müsse, in vollem Licht. Wer nähme nicht gern die Menschheit in Behandlung? Die *Nuova scienza* macht's möglich, ernennt sie zur Kassenpatientin, die im Vorzimmer auf bessere Zeiten hofft, während die gedämpften Schreie der gerade Behandelten aus dem Nebenraum dringen.

6.

Der Destruktivismus behauptet – unter welcher terminologischen Kappe auch immer –, Theorien seien entweder blind oder leer. Was immer dies heißen mag – und es kann alles mögliche heißen –: Man fragt sich, von welchem ›oder‹ dabei die Rede ist. Sollte es ein ausschließendes ›entweder-oder‹ sein, so hieße das, leere Theorien können nicht blind sein und blinde nicht leer. Warum? Wären es sonst keine Theorien? Wenn ja, nach welchen Maßstäben? Ferner: welcher Mechanismus der Theoriebildung könnte zuverlässig verhindern, dass leere Theorien blind sind, und umgekehrt? Oder wäre das ›oder‹ wohl ein verstecktes ›und‹? Theorien wären also notwendig blind *und* leer? Und was hieße das? An dieser Stelle spätestens erhebt sich der Argwohn, es könne mit dem Argument am Ende nicht so weit her sein. Vielleicht handelt es sich ja um ein nicht ausschließendes ›oder‹: Theorien sind entweder blind oder leer oder blind und leer; man könnte auch sagen: Theorien sind endlich.

7.

Denn was bedeuten die Begriffe ›blind‹ und ›leer‹? Beschränkt man sich auf das argumentative Minimum, so sind *blind* Theorien, denen es nicht gelingt, sich zu sich selbst, *leer* solche, denen es nicht gelingt, sich zu einem ›Draußen‹ in ein begründetes Verhältnis zu setzen. Das wirft die Frage auf, welche Art von Begründung sinnvollerweise im einen wie im anderen Fall zu fordern sei. Sieht man von ihr ab, so fällt etwas anderes auf: Das Dilemma, von dem da die Rede ist, soll Theorien unterschiedslos *als Theorien* treffen. Vorausgesetzt also, der Vorwurf träfe zu, ohne dass von bestimmten Theorietypen dabei die Rede wäre (denen stets auch andere an die Seite gestellt werden könnten), dann wäre jede Theorie notwendig blind und leer. Aber selbst angenommen, das Argument wäre zwingend: Und wenn schon? Es hieße im Ernstfall nichts weiter, als dass Theorie – jede Theorie – sich grundsätzlich in zwei Richtungen thematisieren lässt, aber nicht zur gleichen Zeit und im gleichen Kontext. So zweifelt einer, der gleichzeitig in zwei entgegengesetzte Richtungen davonlaufen möchte, an seiner Fähigkeit zu gehen.

8.

Theorien sind blind oder leer, oder: Es ist eine Illusion zu glauben, man könne in die eine Richtung gehen und in der anderen ankommen. Oder: Die Einsicht in das Funktionieren von Rationalität erscheint wenig geeignet, Vertrauen in ihre wirklichkeitserschließende Kraft zu fördern. Reicht diese Feststellung aus, um das geballte Misstrauen in die Leistungen der Ratio zu mobilisieren, das der ursprüngliche Satz zum Ausdruck bringt? Absurd wirkt er allemal, weil er den Leser zwingt, das ›oder‹ durch ein ›und‹ zu ersetzen, um anschließend zu entdecken, dass es doch nur ein ›oder‹ sein darf, soll er nicht die postulierte Regel verletzen, dass Theorie nicht gleichzeitig in beide Richtungen thematisiert werden kann. Demnach enthält der Satz die Regel, um sie Lügen zu strafen: Die Wahrheit – wer zweifelte daran – ist nicht danach, sich in ihr einzurichten. Rationalität ist Lüge ... sagt der Liebhaber der Wahrheit, welche im Schlagschatten der Lüge nistet.

9.

Es ist ein Unterschied, ob man ein Dilemma entdeckt oder ob man es appliziert. Im einen Fall bezeichnet es die Grenze einer Theorie, im anderen eine Grenze der Theoriebildung. Das eine Mal ist es Arbeit, das andere Mal Spiel. Ein Spiel allerdings, das die Arbeit der anderen ähnlich unterbricht wie ehedem die Philosophie die Praxis der Märchenerzähler. *An dieser Frage scheitern sie alle* – was also bedeutet das Lächeln im Gesicht dessen, der sie immer aufs neue stellt?

10.

Die drei Kränkungen, welche die ›Kultur‹ ihren Trägern zumutet (drei müssen es sein, da erst bei der dritten die Wünschelrute ausschlägt) – dieses Schema zielt auf eine Form der Erregung, in welcher das Bedürfnis nach Anerkennung und ihre Versagung zu einem Amalgam zusammenfinden, das aufzulösen mehr als Spitzfindigkeit erfordert. Das Verlangen des Kulturwesens, in seinen Rechten anerkannt zu werden, worin diese auch bestehen mögen – jedes in seinen und alle in ihren –, ist von Haus aus grenzenlos und also jeder Art der Versagung schutzlos ausgeliefert. Wer ein Versagungsmotiv in die Form einer Theorie kleidet und behauptet, den Ausweg aus dem Dilemma zu kennen, erweist sich nicht nur als Meister der Situation, sondern als Psychopompos. Theorie als Lebenshilfe ist Lethe: Sanft gleitet die Seele dahin, getragen von dem Geräusch, in dem sich der Schlaf der Triebe mit dem Tod der Reflexion verschwistert. Das kulturelle Vergessen braucht solche Lehrmeister, es braucht die Erregung, die aus ihren Worten hervorlugt wie das Kaninchen aus dem Ärmel des Zauberers, es braucht das Bewusstsein aufzubrechen. Wohin? Egal. Vorwärts? Aber sicher.

11.

Wenn es darum geht, Erkenntnis in toto zu begreifen, dann besitzt die Reflexion schlechte Karten. Sie hat alle Hände damit zu tun, die Übereilungen zu revidieren, die ihr die Biologie nachweist. Die Biologie ist stets einen Schritt voraus. Weit entfernt davon, dem frommen Wunsch

Material zu liefern, es gebe einen Parallelismus physiologischer und transzendentaler Einsichten in die Verfahrensweisen des menschlichen Geistes, gibt sie unbeirrt Antworten auf Fragen, welche die Gegenseite stellt, ohne zu Antworten zu gelangen. Dass ihre Antworten die Gegenseite ›nicht glücklich‹ machen, da sie einer anderen Argumentationslogik folgen und daher wohl oder übel als besserwisserisch zurückgewiesen werden müssen, obwohl in ihnen Befunde formuliert werden, die guten Gewissens nicht zurückgewiesen werden können, steht auf einem anderen Blatt. Die Reflexion hat gelernt, mit ihnen zu leben – mühsam und im Grunde unüberzeugt – und also *umzugehen*. Doch es bleibt ein Umgang voller versteckter Kautelen und in steter Erwartung, von der Disziplin zurückgerufen zu werden. *Uns bleibt ein Erdenrest zu tragen peinlich:* Die Physiologie, die erfragt, wie das funktioniert, ist kein Einwand gegen die Reflexion, sondern fixiert die Grenzen, an denen sie Bestimmtheit erlangt. Was auch ›im Geiste‹ geschehen mag, die Biologie kommt mit.

12.

Wenn Intellektuelle bisher gelegentlich an die Macht oder besser: in ihre Nähe gelangten, dann deshalb, weil sich für einen Augenblick ein Vakuum aufgetan hatte, – ein *Macht*vakuum, angesichts dessen sie sich, wenn man den Zeugnissen glauben darf, eher genötigt glaubten, den Gang der Geschichte einmal anders zu bestimmen, um nicht (ungewiss, vor wem) das Gesicht zu verlieren. Die Frage (für sie) war also nie, wie sie an die Schalthebel gelangten, sondern (für die anderen) wie man sie so rasch wie möglich wieder von ihnen entfernte. Das Entsetzen (der anderen) mochte gespielt sein, doch war der Grund der Beunruhigung stets real, er lag in der unverhofften Abwesenheit handfester Gruppeninteressen dort, wo bekanntlich im Interesse aller gehandelt wird. Dies (um endgültig ins Präsens zu wechseln) soll nicht sein, das Gemeininteresse soll im Handgemenge der Einzelinteressen ausgehandelt, nicht frei ermessen werden. Der Abscheu der ›Bürger‹ vor dem Herrschaftsanspruch der Intellektuellen ist eine politische Variante des Horror vacui, das dunkle Gefühl einer semantischen Katastrophe. Den Intellektuellen (wem sonst?) steht es frei, das Allgemeine zu bestimmen, unter der Bedingung allerdings, dass sie nichts zu bestimmen haben. Eine Form des Bestimmens schließt die andere aus, nicht in der Theorie, aber in der Praxis, wie man zu sagen pflegt. Man meint in diesem Fall, was man sagt, und sei es, wie gesagt, nur deshalb, weil die eine in der jeweils anderen mitgedacht, aber nicht enthalten ist. *Es hat keinen Zweck*: hinter diesem so defätistisch anmutenden Satz verbirgt sich die Stärke derer, die darauf angewiesen sind, dass man ihnen zuhört. Das Allgemeine, das sie bewohnen, ist der Stau ungelöster Probleme, an dem sich die Gesellschaft erkennt und als Urheber künftiger Problemlösungen im voraus zu genießen wünscht. Es ist das Reservat, in dem die Intellektuellen, angestammte Kopfjäger, den Traum der großen Wildnis träumen, während sie ihr dürftiges Wellblechdasein fristen.

13.

Intellektualität bedeutet demnach zweierlei: erstens die wirkliche Teilhabe am Prozess der Bestimmung dessen, was *an der Zeit ist* – und was zu sagen langsam Zeit wird –, zweitens die Interpretation der Gegenwart als einer Komplexion, die unter dem Druck ihrer Probleme zerstiebt. Der eine Aspekt bezeichnet die Notwendigkeit, der andere die Hinfälligkeit des Intellektualismus: *Notwendigkeit* deshalb, weil alles, was an der Zeit ist, nicht anders denn im Hinblick auf die Zeit selbst, die wirkliche Gegenwart, gedacht werden kann, Intellektualismus also wenig mehr als das Gewärtigsein dessen, was an der Zeit ist, in den Subjekten meint, *Hinfälligkeit*, weil die Auslegung der Gegenwart als einer, die an den mit ihr ans Licht getretenen Fragen zergeht, Gegenwart und Zukunft nach dem Schema von Frage und Antwort aufeinander bezieht und dadurch in eine unglückliche

Konkurrenz zu den künftigen Wirklichkeiten tritt – eine Konkurrenz ohne Gewinnaussicht, deren Witz darin liegt, dass der Intellektuelle ans Hier und Heute die Fragen stellt, welche die Zukunft beantworten wird, in seinem Sinne natürlich, darin ist er sich sicher, weil ihm kein anderer zur Verfügung steht. Eine solche Zukunft aber, träte sie jemals ein, brächte den Intellektualismus zum Verschwinden – aus dem einzigen Grund, weil sich sein Fragepotential in ihr erschöpfte.

14.

Es ist, logisch gesehen, diese Antinomie, die den alten Gegensatz des liberal-konservativen und des progressivistischen Intellektuellen hervorbringt und dafür sorgt, dass es in den aktuellen Debatten nie ganz um nichts geht, auch wenn die Anlässe nichtig scheinen mögen oder sich nichts wirklich bewegt. Die liberale Fraktion, wie man sie mit einem leichten Zögern nennen darf, macht die Erhaltung der eigenen Geschäftsgrundlage – und damit im Prinzip den Status quo – bewusst oder unbewusst zum Dreh- und Angelpunkt ihrer Analysen: eine Gegenwart, die sich radikal in Frage stellen lässt, ohne messbare Überreaktionen zu produzieren, kann so verderbt nicht sein; es gilt daher, ihr insgeheim Garantien für eine nicht ganz und gar andersartige Zukunft zu entnehmen. Dem Progressivismus hingegen – Ironie hin, Ironie her – ist die Tatsache der eigenen Existenz ein hilfreiches Indiz für die Verkehrtheit des Bestehenden: erst das Aufgehen des unglücklichen Bewusstseins in der Positivität künftiger Weltverhältnisse darf den täglich kunstvoll geschlungenen Knoten der tatsächlichen Widersprüche lösen. Der progressivistische Intellektuelle tendiert daher, ob er will oder nicht, zur Abschaffung der Bedingungen, denen er sein Dasein schuldet.

15.

Den Ernstfall bezeichnet also eine Situation, in der der ›klassische Diskurs‹ dieser beiden Fraktionen den Kriterien dessen, was an der Zeit ist, nicht mehr genügt. Die Situation ist nicht nur denkbar, sie ist unwiderruflich erreicht, seit beide Seiten sich davon überzeugt haben, dass jede künftig ernstzunehmende Frage an die Gegenwart sich letztlich auf das Überleben der Gattung bezieht. Diese Überzeugung kommt nicht von ungefähr, und nur Dummheit möchte sie am liebsten den Dummen überlassen sehen. Sie beginnt mit der Entdeckung der Freiheit zur Selbstauslöschung der Menschheit im Zeitalter der Bombe, und sie vollendet sich in einem Weltverständnis, das die Zerstörung der natürlichen Lebensgrundlagen als den Konvergenzpunkt der gegenwärtigen Kultur begreift. Angemessen oder nicht: das neue Denken erzeugt eine doppelte Ohnmacht der Intellektuellen, da beide Optionen, die liberale wie die progressivistische, stillschweigend voraussetzen, dass keineswegs der Bestand der Gattung, vielmehr ausschließlich ihre Bestimmung in Frage steht. Ohne diese Voraussetzung sind beide Optionen formalistisch, das heißt gegenstandslos. Die Folge lautet: der Intellektuelle hat sich überlebt. Er mag dem Handeln der Politiker sein ceterum censeo nachschicken oder, Staats- und Weltbürger wie andere, sich in tätiger Solidarität mit Aktionsgruppen üben: seine Existenz ist schal geworden, und er weiß es.

16.

Weiß er es wirklich? Eines steht fest: ein Intellektualismus, der nicht leben und nicht sterben kann, ist ein ebenso tückisches Objekt der Neugier wie sein Pendant, die Gesellschaft, die gelernt hat, Zukunft als Entsorgung zu fassen. Die quasi-kloakale Verfasstheit der Realität zwingt der Macht Erfahrungen ab, welche diejenigen, die darin geübt sind, ihr das schlechte Gewissen vorzusprechen, des Umgangs mit Theorie weitgehend entheben. Zeit also für resolute, sich im Sinnlichen erfüllende oder erschöpfende Metaphern, die der Geruchssphäre entstammen, besser gesagt entweichen. Metaphern, die signalisieren, dass all das, was sich nicht riechen, tasten oder schmecken lässt, obwohl es, wie jedermann weiß, in der Luft liegt, keineswegs zu den Transzendentalien gerechnet werden darf, vielmehr auf handfeste Mängel unserer Wahrnehmungsorgane verweist. In diesen Regionen führt die Chemie das Wort, sie führt es im Munde derer, denen sie die Stichworte liefert, und sie führt es so, dass die sanfte Gewalt, die von ihren Formeln ausgeht, das irritierende Schauspiel eines ›herrschaftsfreien Diskurses‹ erzeugt, der als erstes die Herrschaftskritik entmachtet, indem er sie dem freien Spiel der Fakten ausliefert, wie sie täglich neu (und neu gemischt) zum Himmel stinken. Das erzeugt Nachfolge: Greenpeace-Aktive und Globalisierungsgegner sitzen in puncto geistiger und räumlicher Mobilität im gleichen Boot. Im Prinzip allerdings genügt, um dabeizusein, der eherne Grundsatz der Informationswelt, dass alles, was hier und heute versickert (oder ›verfüllt‹ wird), irgendwann wieder hochkommt – ein Grundsatz, der, konsequent auf Vergangenheit angewandt, viele Vergangenheiten anstelle der einen erzeugt, als Beschwerdefälle, verhandelbar täglich, Brechreiz inklusive.

17.

Es trifft sich, sozusagen, dass die menschliche Neugier von den flüchtigen Momenten vor dem Absturz in die Erkenntnis lebt, an der Sache (welcher auch immer) könnte etwas faul sein. Dass das Nachdenken über die Macht, die angestammte Domäne der Intellektuellen, in den späten achtziger Jahren kurzfristig wieder in Gang kam, nachdem es sich bereits im Gestrüpp der Wünschbarkeiten verloren hatte, verdankte es zwei Ereignissen, die auf höchst unterschiedliche Weise vorführten, dass der Begriff ›Weltgeschichte‹ neben der doktrinären auch eine praktische Dimension besitzt. Gorbatschows Perestrojka und die Rushdie-Affäre veränderten die

Szenerie insofern, als sie das Denken des Undenkbaren zur Bürgerpflicht machten. Wo vorher Schweigen geboten war, weil, wie in bezug auf das Demokratiedefizit des Ostens, die zermürbte Hoffnung alles Nachdenken hatte zerrinnen lassen, oder weil jedes in Richtung der ›Dritten Welt‹ gesprochene Urteil als Vorurteil und als spätkolonialer Reflex gedeutet werden konnte, ging es mit einem Mal darum, unzweideutige Grundsätze zu formulieren und an ihnen festzuhalten, gleichgültig, was geschah. In beiden Fällen handelte es sich um Schauspiele, die ihr Publikum gleichzeitig über- und unterforderten, in den Details unübersehbar und mit ungewissem Ausgang. Nüchtern betrachtet ging es für westliche Intellektuelle um nichts, außer vielleicht, dass sie, als ›westlich‹ vorgeführt, sich ihrer Bedeutungslosigkeit vergewissern durften. Während die östliche Umgestaltung ihnen immerhin erlaubte, sich in einem begriffslosen Zustand zwischen Hoffen und Bangen zu bewegen, hatte es die ›Dritte-Welt‹-Attacke auf einen der ihren in schamloser Offenheit darauf abgesehen, sie zur Bewegungslosigkeit zu verdammen. Dem Gelingen des Gorbatschow-Experiments entgegenzufiebern hieß, sich einen Ehrenplatz bei der Erschaffung der Kritik aus dem Geist eines Systems zu sichern, das dergleichen nur außerhalb seines Geltungsbereiches vorgesehen hatte. Es kam, wie man weiß, anders, doch der Phantasie bleibt unbenommen, sich auszumalen, was geschehen wäre, hätte die Erschaffung des Intellektuellen aus der Retorte, sprich: einer akklamierenden Klasse, damals wirklich stattgefunden. Der zur Offenheit und Toleranz bekehrte Osten hätte eine Funktion mit neuem Leben erfüllt, die den Intellektuellen des Westens zusehends entfällt, aber nur in Analogie, der fortbestehenden Differenz der Systeme wegen. Eine Reise in den Osten wäre für sie gleichermaßen zu einer Reise in die eigene heroische Vergangenheit und in eine krude gesellschaftliche Zukunft geworden, bei der sie in mancher Hinsicht die Rolle der armen Vettern übernommen hätten, die mit Befriedigung und Neid konstatieren, dass ihresgleichen gebraucht wird – in einer anderen Zeitrechnung, auf einem anderen Planeten, unter derselben Sonne. Voreilige hätten, des damals noch kaum in Umrissen sichtbaren, dann alten Antagonismus müde, irgendwann schreiben können: *Die Intellektuellen haben den Planeten nur verschieden interpretiert, es kömmt aber darauf an, ihn zu verändern.* Sie hätten recht gehabt, es geschieht ohnehin täglich.

18.

Bangen und Hoffen: der Reflex, auf einen Kandidaten zu setzen und das analytische Vermögen in der einen Frage zu erschöpfen, ob er durchkommt – dieser Reflex fühlt sich seltsam gehemmt, sobald er den kalten Blick desjenigen auf sich ruhen sieht, der gegen den Sog der Verhältnisse denken gelernt hat und sich das höchste Gut, die in schwierigen Exerzitien erworbene Hoffnungslosigkeit, nicht durch den zufälligen Gang der Ereignisse zunichte machen lassen möchte. Die Entschlossenheit, sich durch die Macht nicht blenden zu lassen, selbst dann nicht, wenn sie ihre blendendsten Angebote unterbreitet, nötigt Respekt ab, selbst wenn sie mit der Logik nicht immer auf bestem Fuß steht. Warum auch: Nur zu häufig ist die Logik ein willfähriges Werkzeug in den Händen willfähriger Werkzeuge. Der Dissident Alexander Sinowjew, der das Scheitern der Gorbatschow-Reform darin beschlossen glaubte, dass die sowjetische Gesellschaft, gerade diese, ihren ›objektiven Gesetzen‹ folge und daher jeder dirigistische Versuch, diese Gesetze in Teilbereichen außer Kraft zu setzen, notwendigerweise in nicht bedachten Nebenwirkungen verpuffe – er erinnerte, ›notwendig‹ fast, an einen Mann, der sich (streng wissenschaftlich) davon überzeugt hatte, dass nicht einmal der kleine Finger seinem entschiedensten Wille gehorchte. Doch daran ist nichts Lächerliches, im Gegenteil. Sinowjew war von der Erfahrung des Scheiterns bewegt, die sich an jeden gesellschaftlichen Aufbruch heftet und die um so pointierter ausfällt, je weiter die Ziele des Aufbruchs gesteckt waren. Diese Erfahrung war in der Vergangenheit zu teuer bezahlt worden, um durch neue Wechsel auf die Zukunft gedeckt werden zu können. Destilliert aus den großen Aufbrüchen des Jahrhunderts, angereichert mit dem Wissen, dass der Status quo schon der vergangene ist, darf sie daran erinnern, dass die Umwälzung dieser und jener Verhältnisse, so wünschenswert sie immer sein mag, denjenigen freie Hand gibt, die unter den eintretenden Umständen ›tun, was getan werden muss‹. Die Formel ist, wie jedermann weiß, salvatorisch, sie kommt später: wer sie hört, erfährt, dass es wieder einmal zu spät ist.

19.

Sinowjew musste erfahren, dass nichts leichter fällt, als Recht zu behalten und dabei seinen Kredit zu verspielen. Wirklich waren es die Nebenwirkungen der Perestrojka, die das System zum Einsturz brachten und den Reformator unter sich begruben. Doch der grimmig prognostizierte Zusammenbruch erwies sich als Weg ins Freie – nicht so umstandslos begehbar, wie es die euphorischen, nicht ganz so labyrinthisch, wie es die argwöhnischen Parteigänger des Neuen darstellten, auf keinen Fall aber mit der finalen Katastrophe gleichzusetzen, die der Verächter des alten Systems in unheiliger Allianz mit seinen bewährten Widersachern heraufbeschwor. Mag sein, dass er, gewitzt durch trübe Erfahrungen, rechtzeitig nach neuer Kundschaft Ausschau hielt, um ihr seine Schreibdienste anzudienen – den dieses M8al durch den Gang der Geschichte Enterbten. Wahrscheinlicher ist, dass der Umbruch einfach die Komplizenschaft an den Tag brachte, die den Kritiker an das System fesselt, von dem er sich täglich herausgefordert sieht. Unerbittlich holte sie den nihilistischen Satiriker ebenso ein wie den protestantischen Typus des verlorenen Sohnes – der verlorenen Tochter –, den die Spätzeit der DDR hervorbrachte.

20.

Wer aufmerksam die laufenden Kommentare verfolgte, mit denen die schreibende Zunft des Westens den Umbruch im Osten begleitete, der konnte leicht den Eindruck gewinnen, sie sei von den Ereignissen auf dem falschen Fuß erwischt worden und gerate von Anlass zu Anlass tiefer ins Gestrüpp unhaltbarer Polemik hinein. Der Mangel an Realitätssinn in fast allem, was in den kritischen Jahren veröffentlicht wurde, war mit Händen zu greifen. Kompensiert wurde er durch eine Überhärte in den Formulierungen, die ebenso den Drang zum – fast – geschlossenen Markt der Meinungen bekundete wie das Unterfangen, mittels durchsichtiger Operationen Ansichten zu erzeugen. Der politische Essay geriet zur Versuchsanordnung, in der anonyme Wahrnehmungs- und Gesinnungspartikel qualvollen Torturen unterworfen wurden, um Resultate zu liefern, die sich verhökern ließen. Der deutsche Intellektuelle feierte seine Wiedergeburt als Homo politicus, ohne sich durch die Beobachtung stören zu lassen, dass er ungeniert die Sprüche der Unpolitischen anschärfte, um ihre innere Absurdität auszukosten, die der common sense stets notdürftig zu verhüllen versteht. Worauf er beharrte, war die Differenz. Die eilige Demontage des sozialistischen Lagers erzeugte in ihm einen mit dem Gefühl der Erleichterung unterlegten Brechreiz, der auf eine existentielle Notlage schließen ließ. Die Vision der einen Welt war und ist nicht nach seinem Geschmack. Das folgt aus dem persönlichen Verhältnis, das er zum Allgemeinen unterhält. Die Distanz zum Bestehenden muss erlebbar, muss darstellbar sein. Sie braucht die Symbole der anderen, der differenten Welt. Wann immer eines fällt, sind die Intellektuellen zur Stelle, die es unter Krokodilstränen vor dem Verschwinden in Schutz zu nehmen behaupten. Hier verschwand eine Welt: Es bedurfte keiner unterschwelligen Sympathie mit dem Entwurf, der ihr zugrunde lag, oder seinen Exekutoren, um mit Beklemmung zu konstatieren, dass dabei nicht eine, sondern die Differenz zurückgenommen werden sollte, die ihre Existenz von der ihrer geldmachenden Mitmenschen unterscheidet, auch wenn die Trennlinie längst im Ungefähren verläuft.

21.

Die sogenannte Rushdie-Affäre erinnerte daran, dass der Weltzustand, in dem schreiben kann, wer an Tabus zu rühren weiß, auf revidierbaren Entscheidungen beruht. Sie zeigte, dass die zwang- und reflexhaft geübte (weil nur so alltagsfähige) Toleranz auf ihrem eigenen Terrain erfolgreich herausgefordert werden kann – eine Lektion, welche die hergebrachte übertrifft, derzufolge es keinen Weltzustand gibt, der nicht sorgfältig nach Zonen minderer Sicherheit sortiert werden müsste. Die Herausforderung bestand weniger in dem Einbruch praktizierter Intoleranz (Regelverletzungen gilt es wegzustecken) als darin, dass Toleranz – oder Liberalität – als Repression gegen eine sich der Intoleranz verschreibende Kultur denunziert, wirkliche Toleranz demnach als Gewährenlassen fremder In- oder A-Toleranz im liberalen Staat eingefordert wurde. Leicht einzusehen, dass hier das Wörtchen ›wirklich‹, wie meist, die letzte Hülle bezeichnet, die wegzuziehen dem Betrachter nicht ziemt, weil in dem, was darunter zum Vorschein käme, der Obszönität ›nackter‹ Interessen, sich ohnehin alle gleichen, wie jedermann weiß oder zu wissen glaubt. Bemerkenswert hingegen die Reaktionen derer, die unversehens in einem der ihren den Berufsstand in Gefahr geraten sahen, – erstaunlich deswegen, weil Leute, die hinsichtlich der zweideutigen Mechanismen der Liberalität, denen sie ihre Jobs verdanken, von Berufs wegen keinerlei Illusionen gelten zu lassen bereit sind, sich unvermittelt zu ihrer Verteidigung aufgerufen sahen – perplexe Aufklärer, von einer fremden Macht in die Steinzeit zurückgeschreckt, in die eigene, wohlgemerkt, deren Credo lautet: ›Die Freiheit des Wortes ist unantastbar‹. Nichts ist peinlicher für den Geist, der sich dem Stand der Dinge, das heißt, der Diskussion über sie, in einträchtiger Zwietracht verbündet weiß, als mit abgelegten Parolen in flagranti erwischt zu werden. Die Kultur der Anerkennung, die sich an der Zeit weiß, und, anders als die Toleranzkultur, auf der uneinholbaren Fremdheit des Fremden beharrt, mit dem man zusammenzugehen wünscht – diese weithin chimärische und gleichzeitig wirksame Kultur gerät aus dem Tritt, wenn ihr von anderer Seite die Anerkennung verweigert wird. Wie man sieht, weiß sie sich zu helfen, wenn es denn sein muss. Die Frage, die, weithin unbeachtet, auf dem Tisch liegt und dort wohl liegenbleiben wird, lautet entsprechend: wie steht es um eine Aufklärung, die ihre vorerst letzte Ambition darin findet, den Universalismus ihrer Anfänge zu widerrufen, indem sie ihn zum Abziehbild der partikularen Verhältnisse macht, in denen er unbefragt galt, und die daraus folgert, ihre Aufgabe bestehe darin, der deutenden Unterwerfung des Fremden Grenzen zu setzen durch Rituale der Anerkennung, wenn sie sich unversehens genötigt sieht, im unverfügbaren Anderen den Kampf mit dem eigenen Gestern aufzunehmen und so den Prozess der Selbsterfindung im Umgang mit dem Fremden zu rekapitulieren? Das Dilemma ist zu offenkundig, als dass es ausgesprochen werden müsste: ein guter Anlass für Arien und Rezitative, wie immer in solchen Fällen. Fürs erste hilft man der eigenen Klientel.

22.

Der Intellektuelle ist am Ende; fragt sich, an welchem. Etwas Fiktion war seiner Erscheinung immer schon beigemischt, kein Wunder also, sollte er zur Gänze als Fiktion überleben. Sinowjews wunderlicher Verdacht, die Glasnost-Kulturszene sei unter anderem deshalb in die Welt gesetzt worden, um die wahre, die Untergrundkultur der vorhergegangenen Jahrzehnte dadurch auszulöschen, dass man ihre Leistungen, in Staatslizenz sozusagen, nacherzeugt, war vielleicht schon absurd, als er publiziert wurde, doch der Einfall ist stark genug, um einmal als Gedankenexperiment, abgelöst von seinem Anlass, durchgespielt zu werden. Ist eine intellektuelle Kultur denkbar, die eine frühere dadurch zum Verschwinden bringt, dass sie ihre Produkte mit denen der anderen deckungsgleich macht, abgerechnet die Motive, die jene hervorgebracht haben? Wäre also (die Frage weitergetrieben) das Erscheinungsbild einer Kultur denkbar, die als solche nicht stattfindet? Angenommen, es *wäre* denkbar: was, außer den üblichen Positionskämpfen, fände in ihr *statt dessen* statt? Das ist die Frage der Fragen, und die aus der Vergangenheit des Systems genährte Angst, es gehe einmal mehr darum, die Namen der Vorangegangenen aus dem Gedächtnis der Menschen zu tilgen, führt nicht zum Kern des Problems: Namen sind Schall und Rauch. Sie für alle Gelegenheiten auf Vorrat zu halten kann ebenso effizient sein wie gelenktes Vergessen, wenn es darum geht, das zum Verschwinden zu bringen, wofür sie standen. Es ist ja (ein altes Thema) nicht einmal ausgemacht, dass der Gegenwart daran gelegen sein muss, die alten Grabenverläufe nachzuzeichnen und die Beweggründe der Beteiligten lebendig zu halten: reproduzierbar sind Motive nur als Ressentiments. Was tatsächlich stattfindet in einer solchen (nach wie vor imaginierten) Kultur, ist Bewegung, ein Aktivieren und Desaktivieren von Optionen, die aus der Tiefe des historischen Raumes auftauchen und einen Moment lang zur Geltung kommen, weil sie der und der Stand der Dinge ins Licht des Vorteils hüllt. Das Wort ›Option‹ zeigt an, dass es in diesem Spiel nicht darum geht, einen Gedanken zu haben, sondern darum, ihn zu vertreten, soll heißen, ihn denen zuzuspielen, die in der Lage sind, Optionen wahrzunehmen oder zu verwerfen. Die mobile Kultur hat die Mobilisierungen der Vergangenheit hinter sich, sie hält sich zur freien Verfügung, wissend, dass die von ihr bereitgestellten Optionen keineswegs realisiert, sondern allenfalls verfolgt werden können, bevor andere sie verdrängen. Der Grund dafür ist einfach. Er liegt darin, dass Optionen Probleme ad hoc, nicht fortschreitend integrieren, sie also im Fortgang der Angelegenheiten zerfallen und ersetzt werden müssen. Ihre Integrationstiefe ist gering, das zwingt sie, in Konkurrenz zu leben: die Dinge lassen sich immer auch anders bündeln. Wenn Anerkennung wechselseitiges Fremdsein voraussetzt, dann ist sie hier verwirklicht. Die Option, die keinen Käufer findet, macht anderen Platz. Einer wird kommen.

23.

»Weder aus dem von mir selbst bei Lebzeiten veröffentlichten, noch aus dem nach meinem Tod gleich wo immer noch vorhandenen Nachlass darf auf die Dauer des gesetzlichen Urheberrechtes innerhalb der Grenzen des österreichischen Staates, wie immer dieser Staat sich kennzeichnet, etwas in welcher Form immer von mir verfasstes Geschriebenes aufgeführt, gedruckt« etc.: der seltene Vorgang, dass ein Schriftsteller (T. Bernhard) einem Staat, »wie immer dieser ...« sich kennzeichnet, testamentarisch das Recht auf den Genuss (technisch gesprochen) seiner Schriften entzieht, ihn also förmlich enterbt, verrät eine Staatsnähe, ja Staatsintimität von Serenissimusformat. Zwar fehlt der großen Enterbungsgeste die Einsetzung des guten Zwecks ›überlasse meine sämtlichen ... Druck- und Aufführungsrechte vorbehaltlich ... dem Sanatorium Waldhof sowie der Krebshilfe e.V. zu gleichen Teilen ...‹), doch ergibt auch die Zerstreuung quasi in alle Winde einen guten Sinn unter der Voraussetzung, dass hier einer schon zu Lebzeiten jenen nichts schuldig geblieben ist, denen er posthum die Teilhabe an seinen Werken entzieht, dass also nicht Vergeltung, sondern Verflüchtigung das Motiv der Verfügung ist. Nicht von ungefähr klingt in ihr der Tonfall eines anderen, kaum weniger kurrenten Textes nach: »Wer Banknoten nachmacht oder verfälscht oder nachgemachte oder verfälschte sich verschafft und in Verkehr bringt ...« Beide Aussagen lassen sich unschwer aufeinander beziehen. Das Testament, gelesen als Kontrafaktur, verfügt die Auflösung einer Gegenwährung: der penible Buchhalter der eigenen Möglichkeiten darf nicht zulassen, dass seine Notenpresse in die Hände des Gemeinwesens fällt, dessen Gemeinheit in gleicher Münze und Blüte um Blüte zurückzuzahlen er angetreten ist. Der Tote schuldet der Sippschaft (denn um sie handelt es sich) nichts mehr, damit entfällt der Anlass, es ihr weiterhin heimzuzahlen, in welcher Form eines ›verfassten Geschriebenen‹ auch immer. Schließlich verlangt die Sippschaft nur eines, das aber unerbittlich: dass einer wie dieser sich nicht ausnimmt, dass er bleibt, wer er ist, einer der ihren, und zwar durch und durch. Derjenige, der es ihr heimzahlt, deutet damit an, dass er so vieles zu geben hätte, unter anderen Konditionen, den seinen nämlich. Stichwort ›letzte Rollen‹: Der Dichter als gekränkter Machthaber oder Serenissimus in der Unterwelt.

24.

Nichts ist kompromittierender als die in den öffentlichen Raum gestellte Frage ›Was tun?‹ Wer sie stellt, zieht die eigene Kompetenz oder die seiner Berater in Zweifel: da draußen ist jemand, der weiß es besser. Wer sich angesprochen fühlt, den nötigt sie, eine plötzliche Summe aus Beobachtungen zu ziehen, in denen, falls sie etwas taugen, Kon- und Divergenzen sich gegenseitig auf den Plan rufen und einander am Ende austarieren – nicht, weil das der Struktur der Wirklichkeit entspräche, sondern weil nur auf diese Weise den Strategien des Beobachtens keine Gewalt geschieht. Die Erziehung der Intellektuellen zur Praxis der täglichen Dinge gleicht einer Gehirnwäsche: der entstehende Zwitter mag hier und da brauchbar sein oder sich brauchbar vorkommen, auf jeden Fall ist er überflüssig und, was schwerer wiegt, überholt – Verstärker eines Geschreis, das jede hörbare Lautstärke übertrumpft. Das Wir-Virus: Markenzeichen des kollektiven Schwachsinns oder das Wunder der Transsubstantialität: ›Solange wir nicht, wenn wir wollen, dass ...‹, ›wir sind verantwortlich, wenn ...‹: hier vollzieht sich die lautlose, durch Blödigkeit gemilderte Verwandlung des Individuums, des Sprechers, um vorsichtig zu sein, in das Gattungssubjekt: denn dass es die Menschheit ist, die sich ihrer selbst annehmen muss, steht in jedem Fall außer Frage.

25.

Die kleinen, privaten, der Allgemeinheit gleichgültig bleibenden Krisen ebenso wie die großen, viel diskutierten (nicht zu sprechen von den allenfalls nach Weltgegenden und Zeitaltern zu bemessenden Menschheitskrisen), sie alle sind zu begreifen als Modifikationen der Krise überhaupt oder Krise schlechthin. Die reine, unausdenkbare Krise ist keiner besonderen Epitheta fähig. Keineswegs ist sie ›wandelbar‹ oder ›vielgestaltig‹: das wären nur dürftige, geradezu unbedarfte Umschreibungen ihres unwandelbaren, gestaltlosen Wesens. ›Anhaltend‹ ist sie allerdings – in den Augen unberufener Eiferer, deren Gemüter vergebens die Idee ihrer endlichen Überwindung bewegt. Sie ›umfassend‹ zu nennen hieße, ihr einen Grad an Verstrickung anzudichten, der ihr völlig fremd ist. Nein, der Analytiker hat sich mit dem Gedanken vertraut zu machen, dass sie, gleichsam teilnahmslos, schlechterdings nicht involviert ist – *gleichsam* teilnahmslos (andernfalls enthielte auch diese Aussage bereits ein rednerisches Zuviel). Die Krise schlechthin ist das reine Gegenüber der Metropolen. Schlangengleich verharrt sie, das Haupt leicht erhöht, reglos, absichtslos, daseiend als das andere ihres Widerparts, nichts bekräftigend, nichts abweisend; die Unruhe in den Metropolen ist das Züngeln ihrer unauslotbaren Möglichkeiten. Auch liegt sie in Wahrheit außerhalb unserer Wahrnehmung. Die Krise nimmt man nicht wahr, man bespricht sie. Danach allerdings verlangt sie in einem fort. In der Tatsache, *dass* man sie unterlasslos bespricht, liegt der Grund ihrer Existenz. Das Reglose im Ruhelosen, das stets Bedenkliche im gerade Vertretbaren, die katastrophische Witterung im hygienisch Geregelten fordert das Besprechen heraus, weil es anders nicht zu Wort käme. Es gibt der Sprache den *zwischen* Ekstase und Ermattung changierenden Glanz, der dem Individuum das offenbar unentbehrliche Bewusstsein vermittelt, in unabsehbare Zusammenhänge gestellt zu sein, die seinen überwuchernden Verfall an der Gesamtheit der ihn verpflichtenden Zwecke rächen.

26.

Die Krise selbst ist zutiefst ungleichzeitig. Sie ist immer schon da, während sie gerade ins Haus steht. Sie steht bevor als das schlimme Gewesene. Nichts kann, nebenher, sie aufhalten. Selbstverständlich ist sie die, vor der schon immer gewarnt wurde. Nachgeborenen geläufig ist das Verhängnis, als das sie über jene Generationen kam, die - vergeblich - von ihr nichts wissen mochten. Andererseits will sie immer aufs neue gemeistert werden. Denn kenntlich wird sie nur als Herausforderung. Sie ist die Herausforderung des Tages, des Heute als Jetzt und Hier, die uns zurückbindet an das Gewesene und Gewollte. Kein Krisenbewusstsein ohne Ursprungsbewusstsein. Krisenrede ist Gegenrede von den Ursprüngen. Das ewige, sich von den unverfügbaren Ursprüngen herschreibende Morgen ist die Zeit der Krise, die ihren Schatten vorauswirft. Die halb überdunkelte Landschaft der alltäglichen Emotionen und Trends, die tropische Einerleivielfalt des ins Abweisende verschwimmenden Gegenwärtigen fordert die Beschreibungsmodi des Krisenhaften, des kriechenden Ungemachs förmlich heraus. Im Krisengerede wird sich das Subjekt feierlich; vollmundig beklagt es ebendie Heiserkeit der Welt, die sich an seinen Worten überzeugend kundtut. In der Krisenrede betätigt es prognostische Fähigkeiten, die ihm im berufskontrollierten Alltag abhanden gekommen sind. Inmitten der Krise erlebt die Person Welt als Geschiebe, als Druck und Sog, kurz, als zweideutige Entlastung, in der die eigene Gewissenhaftigkeit zum Verrat verkommt. Das Besprechen der Krise ist ein endlos wiederholter, brüchiger Versuch, diesen Verrat ungeschehen zu machen. Der einzelne geißelt das Allgemeine um des Anteils willen, den seine Existenz an ihm hat. Erst das verurteilte Allgemeine geht den eisernen Gang, dem sich das Individuum anheimgeben darf, weil es ihn mit Begriffen einer düsteren Zwangsläufigkeit getränkt hat. Die Dinge stehen kritisch: das rechtfertigt sie. Gönnerhaft und besorgt bewegt sich der Diagnostiker der Krise im Zwielicht einer Situation, die er zweifellos schätzt, weil sein Selbstwertgefühl und seine Bequemlichkeit sich in ihr wechselweise durchdringen und nicht unbeträchtlich steigern.

27.

Die Krise entsteht nicht, sie entspringt. Krisen werden in ihren Ursprüngen greifbar. Jede hat ihren und alle haben alle gemeinsam: so viele Krisen wie Ursprungsgeschichten der Krise. Es sind Geschichten, die sich ähneln, aber natürlich nicht gleichen dürfen, sich vielmehr weitläufig aus vorhistorischen, aus geographischen, ethnographischen, auf jeden Fall partikularen Gegebenheiten zu entwickeln pflegen. Das Umständliche ist ihr Echtheitssiegel. Nichts darf ausgelassen werden, wenn es gilt, Versäumnisse zu benennen; unmerklich kommt der Faden ins Gewebe, an dem die aufgeschreckte Einbildungskraft das Schicksal einer Welt befestigt. Die Umstände sind die Botschaft – eine, die sich der historischen Zuständigkeit des Menschen nur im Modus des Als-ob bemächtigt, in Wahrheit ständig auf Bedingtheiten zurückgreift, die seiner geschichtlichen Existenz vorausliegen und nur in dem Ausmaß kenntlich zu werden scheinen, in dem die Geschichte an ihnen ihr Zerstörungswerk betreibt. Das klingt radikal und ist in den meisten Fällen Geschwätz, doch die Tatsache, *dass* so argumentiert wird, um sich das Unausweichliche, die Schürzung des Aktuellen in der Krise, begreiflich zu machen, lässt etwas von dem dauerhaften und nicht grundlosen Misstrauen durchscheinen, mit dem die fortschreitende Gattung die Stationen ihrer Karriere begleitet. Die Krise wird nicht *in* der Geschichte, sondern *als* Geschichte manifest: Als Geschichtsform, in der das Grundlose als das Abgründige und Abwegige erscheint, als Morast, der den historischen Zug der Menschheit gleichermaßen trägt und verschlingt. Die Grundform der Krisenrede ist das pathetisch-dunkle Auf-sich-Beruhenlassen, der labyrinthische Zorn.

Geschichte, als Krisengeschichte erzählt, setzt beträchtliche Annahmen über die Welt voraus. Es sind Annahmen, die Entscheidungen ähneln, allerdings, wenn man genauer hinsieht, mit dem Unentschiedenen auf verwickelte Weise paktieren. So entschlossen die Parteinahme, so unentschieden die Inhalte. Das von den professionellen Krisenbesprechern ebenso forsch wie exklusiv beanspruchte Wissen um die umgreifenden Bedingungen des Gattungslebens artikuliert sich dort, wo es zentral wird, im Raunen. Wie in der antiken Tragödie der Chor das Handeln des tragischen Personals, so begleitet das Raunen der Krisenbesprecher die Verständigung der dynamischen Menschheit über ihre jeweils verbleibenden Möglichkeiten. Im Raunen setzt sich das Geräusch, mit dem Theorien in die Welt treten, gegen das Zirkelwissen um ihren Entwurfcharakter durch. Da liegt der Gedanke nahe, dass die Krise aus den Hohlräumen steigt, in denen sich gesellschaftliche Resonanz erzeugt.

28.

Metropolis, die Riesenstadt, die durch ihre schiere Größe und den geballten Aktionismus ihrer Bewohner jenen Druck der Verhältnisse erzeugt, unter dem sich das Leben kontinuierlich in neue, wechselnde Organisationsformen kleidet – sie steht am Ursprung der Krise, sie ruft sie mit jener blinden Zwangsläufigkeit hervor, mit der sich ihre Strukturen aus den Projekten und Gewalttätigkeiten ihrer Bewohner schälen. Nicht die Krise der Metropolen (ein zweitklassiges Schlagwort, dessen Konjunktur in die siebziger Jahren des 20. Jahrhunderts fällt), sondern ›die‹ Metropole als Flucht- und Orientierungspunkt der Krise ist das Gegebene. ›La Crisi‹, das ist der niemals aufgehobene und niemals aufzuhebende Belagerungszustand, angesichts dessen das Leben in den großen Städten seinen Gang geht, ein archaisches Wissen um einen unsichtbaren und unzugänglichen Feind, der ringsum die Hügel besetzt hält und dem keine Bewegung in ihrem Weichbild entgeht. Die Lebensform der Metropolen, ihr Way of Life ist der einzige, der sich den Luxus erlaubt, seine Daseinsberechtigung aus dem täglich drohenden Zusammenbruch abzuleiten. In mancherlei

Hinsicht ist er nichts weiter als ein unübersehbares Bündel von Maßnahmen, das den unaufhörlich stattfindenden Kollaps normalisiert und verstetigt. Das Rezept heißt Wachstum: Der Zusammenbruch wird in die ländlichen Weltregionen abgeleitet. Von dort schlagen Begehrlichkeit und Aggressivität auf das Zentrum zurück. Was da geschieht, lässt an ältere Menschheitsepochen denken, an die ungezählten Blicke, die eine nur passiv betroffene und daher per se unverständige Landbevölkerung auf die frühen Menschenballungen warf – Blicke, in denen sich geheimes Grauen in mauloffenes Staunen verwandelt, ohne sich zu verflüchtigen. Der Widerschein jener Blicke in den Augen der sich großspurig ihrer zivilisatorischen Höhe versichernden Stadtbewohner ist gewiss so etwas wie der Vorschein der Krise. Die Krise entspringt als Revolte aus ländlichen Denk- und Erfahrungsreservaten inmitten unabschließbarer städtischer Verständigungsprozesse.

29.

Zwei ›mutmaßlich‹, wie die Vokabel lautet, von Terroristen gelenkte Passagierflugzeuge rammen das World Trade Center in New York und eine Welt stürzt zusammen: das ist keine Nachricht, sondern die von professionellen Kommentatoren um den Erdball verbreitete Botschaft der ›ersten Stunde‹. Das Raunen hält angesichts der Zahl der Getöteten nicht inne, sondern verstärkt sich unerbittlich nach den Gesetzen der Semiose. Wer bereit und imstande ist, beliebige Menschen in beliebiger Zahl am ›richtigen‹ Ort zu treffen und zu vernichten, dessen Tun bedarf allein deshalb keiner weiteren Erklärung, weil das Kommentatoren-Idiom bereits mit von der Partie ist. Der sprachlose Feind residiert in der Sprache derer, die keinen Moment zögern, in ihm das absolut Böse zu personifizieren. Das Wissen um die Motive der Tat kommt von innen, es paktiert mit den Mächten der Finsternis, die es herbeizitiert. Dieser Innenraum hat mit der individuellen Psyche wenig zu schaffen, er umhüllt jeden:

Semiopolis, in der die Mörder und ihre Besprecher Wand an Wand schlafen. Und sie schlafen fest: der Traum der Welt ist in ihnen lebendig geworden und gibt ihnen die grotesken Vorstellungen ein, angesichts deren der Rest der Welt sich entsetzt. Die Logik der Krisenrede (und des Terrors) ist mit der des Traums eng verwandt. Wie letztere ein Notbehelf des Wachbewusstseins, das ›loswerden‹ muss, was an Traumresten an ihm haftet, so ist die Logik der Krisenrede ein Spontanerzeugnis des zum Irrläufer mutierenden Verstandes, der sich weigert, sich in seinen Produkten zu erkennen: Entfremdung ist kein Zustand, sondern eine Folge von Akten, die nur deshalb nicht ins Bewusstsein dringt, weil sie unter den ablaufenden Prozessen zu denen gehört, die den geringsten Aufwand erfordern. So vielfältig ihre Gründe, so einfältig das Resultat: der mittellose Gedanke, dass alles nicht ›so‹ weitergehen kann, sprengt das reale In-der-Welt-Sein ebenso zuverlässig in die Luft wie die Bombe im Handgepäck den Selbstmörder, der sie zündet.

30.

Irgendwann, unvermutet, fällt die Krise den einzelnen an, wird seine Krise, persönliche Krise, Lebenskrise – wird so ausschließlich seine, dass es ihm schwer, fast unmöglich gemacht ist, sie an das Allgemeine zurückzureichen. Seit jeher war sie in den Niederungen einer unruhigen Erlebnisbereitschaft angesiedelt; jetzt wird sie zur Kraft, die alles Erleben erfasst und verwandelt – mit ungewissem Ausgang. Als allgemeine Krise bezeugt sie nichts weiter als das besprochene Ganze, das von einem latenten Unwohlsein ertastete Weltgehäuse, als persönliche hingegen setzt sie eine zwanghafte Hermeneutik des Scheiterns in Gang, die jede, auch die geringste Lebensregung als schuldhafte Verstrickung deutet und das gepresste Individuum in endlosen Irrläufen gegen die Gitter seines privaten Käfigs treibt. Man denkt an Zeitlupenbilder einer Explosion, in quälerischer Langsamkeit von einer Nuance der Entfaltung zur nächsten fortschreitend, die auseinandergezogen wie zögernd hervortretenden Phasen des Geschehens ihrer blitzhaften Evidenz entkleidend, um sie bis an die Ränder mit dem Geheimnis der abrollenden Katastrophe zu füllen, das die überanstrengten Augen des Betrachters vergeblich zu durchdringen versuchen: Ganz so dehnt die individuelle Krisenhermeneutik das Material des Geschehenen über jedes erträgliche Maß hinaus, als gehe es darum, ihm gewaltsam einen justitiablen Sinn zu entreißen, der die Beweisaufnahme rechtfertigen würde. Doch da, nüchtern betrachtet, jener Faktor x des krisenhaft intensivierten Nacherlebens das Geschehen nur um eine elende Quälerei bereichert, lehrt er die, die es anfällt, wesentlich nichts oder nichts weiter als das, was sie schon immer gewusst haben. Geschwächt, wie sie aus der Krise ihres Lebens hervorgehen – sofern sie sie überstehen –, werden sie sich in ihrer Schwäche einrichten und dem Wissen, dass es zu Ende geht, mit neu gewonnenem Zutrauen begegnen. In ihm, dem in seiner Banalität Verstummten, kommt die Krisenrede zu einem intentionslosen Abschluss; sie erübrigt sich gewissermaßen.

31.

Die Intellektuellen sind gleichermaßen Expropriateure und Expropriierte der Krise. Schließlich vergewissern sie sich der Realität, aller Realität wohlgemerkt, an ihr und durch sie. Entsprechend fassungslos macht sie der ständige Verdacht, die Krise entspringe lediglich in ihren Gehirnen, sie sei nichts anderes als die Krise des eigenen Gehirns. Zwar wissen sie sehr gut, wer sie da bewirft, und was von dergleichen Bemerkungen zu halten ist. Aber dieses Wissen ist unnütz. Die Fassungslosigkeit rührt daher, dass der Einwand an die Wurzel ihres Selbstverständnisses greift: Da die es gewöhnt sind, den gelungenen Weltzustand als einen zu begreifen, in dem sie zum Verschwinden verurteilt sind, weil ihre Aufgabe gelöst ist, gerät ihnen die Tatsache der eigenen Existenz unvermittelt zum Einwand gegen die real verfasste Welt. Sie sind das Mundstück der sich aussagenden Krise. Wären sie ebensosehr Monopolisten der Krise (wie man behauptet), so träfe die Kritik vermutlich ins Schwarze. Doch von dieser Rolle sind sie, dem Weltlauf sei Dank, weiter denn je entfernt. Eher schon sind sie Leidtragende einer Entwicklung, durch welche die Krise ins Gerede gekommen ist und sich dort eingenistet hat, wo Gruppen und Grüppchen ihre Richtungskämpfe organisieren. Die Medien kommentieren öffentliches Handeln als eine Art Krisenschach, in dem jeder Zug ebenso viele Gefährdungen der gemeinsamen Zukunft hervorbringt, wie er vermeiden hilft – schlechte Zeiten für Intellektuelle, in denen sie über den aktuellen Stand der Krise am Tresen belehrt werden, gelehrige Schüler mit einem peinlichen Anflug von kulturellem Snobismus, bemüht, der jeweils neuesten Untergangsformel die rhetorische Politur zu geben, die sie ihr schuldig zu sein glauben, ohne sicher zu sein, dass man ihnen überhaupt zuhört, nolens volens Parteigänger der ›guten Leute‹, deren Gesinnung lauter und deren Motive über jeden Zweifel erhaben sind. – Ein Dilemma, ohne Frage, oder die Krise der Krise. Vielleicht auch die Erkenntnis, dass sie, die über jede Diagnose erhabene, die Krise schlechthin, majestätisch und konturlos, ihre Kinder sammelt, die vielen liebgewonnenen, auf dass sie in ihr erlöschen.

Exit

Vadetecum für Selbstschreiber

§ 1

Blicke niemals über die linke Schulter zurück, ohne dreimal auszuspucken. Wiederhole die Prozedur vorsichtshalber nach rechts. Man weiß nie, ob man gesehen wird.

§ 2

Bevor du an die Arbeit gehst, danke im stillen der Gesellschaft, die deinen Müßiggang trägt. Du hast keinen Grund, dich aufs hohe Ross zu setzen. Doch danke ihr nicht zu sehr. Sie kennt deinen Preis. Vor allem lass deinen Dank nicht laut werden. Man könnte dich hören. Verachtung ließe sich ertragen, Aufträge kaum.

§ 3

Misstraue allen Leuten, die wichtig mit ihren Empfindungen tun; es sind Bauernfänger. Gewöhne dir einen gesunden Ekel vor denen an, die in aller Öffentlichkeit behaupten, es komme darauf an, sich auszudrücken. Denke, falls es dir nicht gelingt, an Akne, Eiterbeulen oder ähnliches, betrachte die Hände.

§ 4

Aufklärung ist ein gewichtiges Wort: Vermeide es tunlichst. Lässt es sich nicht umgehen, Auskünfte über dein Tun zu erteilen, so gebrauche Wendungen wie: ›Es fällt mir gerade so ein‹, oder: ›Vorgestern meinte ich noch‹, oder: ›Wie ich schon früher zu sagen pflegte.‹ Treibe die Offenheit nie bis zu ehrlichen Sätzen wie: ›Da und da habe ich gelesen‹, oder: ›Letzte Woche äußerte sich meine sehr kluge Freundin (mein sehr kluger Freund) folgendermaßen‹ –: abgesehen davon, dass dir kaum jemand die

Freundschaft eines sehr klugen Menschen zutrauen würde, wäre es äußerst unklug, von ihr einen anderen als einen stillschweigenden Gebrauch zu machen, und unklug, also töricht sein, das hieße doch, die Freundschaft jenes sehr klugen Menschen über Gebühr belasten, sie geradezu aufs Spiel setzen, oder?

§ 5

Wäre dein Geist eine Laterne und das Schicksal der Menschheit eine Landschaft – sie läge noch keineswegs im Morgenglanz, nur weil dir einfiele, so ungefähr in ihre Richtung zu deuten und deine Lampe zu schlenkern. Auch ist nicht jede Larve trüb, an der eine Funzel hinfährt. Leuchtet dir etwas ein, so geh auf Abstand.

§ 6

Kaum hat man ein paar Verse zu Papier gebracht, aus denen eine elementare Vertrautheit mit dem einen oder anderen Handbuch der Vergleichenden Anatomie hervorlugt, schon sieht man sich umringt von Tonbändern und Kameraleuten, soll man sich verbreiten über die Arbeitswelt der anderen und das eigene Wahlverhalten, über seine ganz persönlichen Wertvorstellungen und die neuesten Auslegungen des Sexualverhaltens alter und neuer Nazigrößen, kurz, ist man aufgefordert, mitzustricken am großen Kuschel-Strickstrumpf der Sinndeutungen des Allgemeinen. Dies ist die Gelegenheit, den Hosenbund zu lockern, die Füße auf den Tisch zu legen und mit beschwörender Stimme unhörbar zu flüstern – eine der so raren und, wenn vertan, kaum wiederkehrenden Chancen, Härte zu demonstrieren und Ergriffenheit zu verbreiten.

§ 7

Wie lautet nicht gleich die goldene Regel der gehobenen Schreibart? Vergiss die Regeln! Sei eruptiv! Der Täter hat immer irgendeine Wahrheit auf seiner Seite: wer unterzöge sich schon der Mühe, ihn zu widerlegen? Lehne dich also zurück, den Schreibtisch bequem in Reichweite, schließe die Augen, lass die Fingergelenke knacken. Keine Gewaltsamkeiten! Ein Gläschen Bourbon hilft in der Regel.

§ 8

Das Leben, an und für sich, ist positiv. Du, der einzelne, bist immer negativ. Es lebt in dir, es denkt in dir. Wie immer du dich dazu verhältst, du wirst nicht verhindern können, dass du dich verrätst, und das ist gut so. Wer auf dem Schindanger endet, hat ein Recht auf Abbrüche aller Art, hat ein Recht dazu, sich achselzuckend abzuwenden. Selbst wenn er es nicht wollte – das Vergessen ereilt ihn. Bleib' also ruhig bei der Sache, man braucht eine gehörige Portion Müdigkeit oder Dummheit, um nicht zu merken, dass sie es ist, die entweicht.

§ 9

Im Begriff, mit einem feuchten Daumendruck das Papier zu netzen und die Menschen über die gangbaren Wege zum Glück zu informieren, wende dich um und betrachte in der Milchglasscheibe deines Arbeitsraumes dein mäßig intelligentes Gesicht! Konzentriere dich! Nun das Schwerste: Vergiss diesen Anblick.

§ 10

Meide Erregungen. Verfahre stets nach dem Grundsatz: Was ich weiß, macht mich noch lange nicht heiß. Neue Erkenntnisse, die man an dich heranträgt, quittiere mit einem Stirnrunzeln und der wie unabsichtlich hingeworfenen Replik: Ich weiß. Wer weiß, ob's stimmt? Du wirst dich hüten. Für den Hausgebrauch empfiehlt es sich, das ›Ich weiß‹ durch ein ›Man kennt die Behauptung‹ zu ersetzen – den Euphemismus durch die verbale Fassung eines Abwehrreflexes. Bedenke deinen Blutdruck!

§ 11

Das Negative, dein Ureigenes, ein seltener Vogel in den Gefilden, welche die Eule der Minerva bestreicht. Krampf-Löser des Wahrnehmens und des Denkens, kostbares Fundstück inmitten wild verteidigter Besitzstände des Positiven!

§ 12

Spare prinzipiell aus, worauf es dir ankommt: das schafft Platz und macht Revisionen unnötig. Auch hüte dich vor Umschreibungen: oder verlangst du, dass ein anderer für dich einspringt?

§ 13

Wer sich nicht Rechenschaft ablegen kann über die drei oder vier Grundtypen des Denkens, deren wechselnde Vorstöße und Rückläufe jeweils das zu verantworten haben, was man den aktuellen Stand der Erkenntnis nennt, wer nicht vor einer Behauptung die Mittel und Wege kennt, sie zu bezweifeln, wen nicht vor seinem Zweifel die Ungeduld überkommt, das Nicht-leiden-Wollen eines begrenzten Repertoires – wem nicht dies alles bereits unwillkürlich geworden ist, der spielt nicht mit in diesem Spiel, der möge, um es mit den Worten eines fast vergessenen Schriftstellers zu sagen, auf gemeinen Weltklatsch seine Tage verwenden.

§ 14

Stil gewordener Negativismus, eine Technik halbabgewandten Schreibens, des Beiseiteschreibens (das Beiseitesprechen hält das Bühnengeschehen nicht auf, noch beschleunigt es seinen Gang, es markiert nur die Figuren in einem anderen Drama, das es vielleicht wert wäre, gespielt zu werden, konzentriert, unbehindert durch Aktschlüsse und Applaus – wer beachtet die schauspielerische Leistung dessen, der beiseite spricht?), eine Sophistik vor leerem Haus, ein Hohldenken des Gedachten – kein Institut für Sprachgymnastik, kein Vertraulichtun mit den Beständen, und auch die Stillen im Lande werden anderswo besser bedient.

§ 15

Liebhabern des Positiven begegne mit der gespielten Gleichgültigkeit dessen, der vor einem sicheren Wettgewinn steht. Beweise ihnen, dass sie im Recht sind, du ihnen aus übergeordneten Überlegungen nicht zustimmen kannst, lass sie ahnen, dass es schiere Freundlichkeit ist, die dich zu deinem Einsatz veranlasst. Ihre Rührung und ihre Eitelkeit, ihr Bedürfnis, von dir geliebt zu werden, und ihr Verlangen, dich zu demütigen, werden sie wechselweise wanken lassen, so dass es am Ende du bist, der ihnen lächelnd festen Halt bietet, bevor er sich entzieht.

§ 16

Bei Nachtarbeiten denke hin und wieder an deinen stillen Begleiter: den Stromzähler. Es wäre übertrieben, ihn zu denen zu schlagen, die deine

Schritte bewachen und deine Abfälle sortieren. Er ist kein Spitzel. Vermessen wäre es allerdings, ihn als deinen Gehilfen zu betrachten, eine Art Handlanger für Traumasketen. Ohne hinzusehen, schweigend in einem entfernten Raum des Hauses, das du häufiger, er nie verlässt, misst er kommentarlos deinen Verbrauch, ein stiller Begleiter.

Der Verfasser schuldet Ulrich Kronauer und dem Historischen Rechtswörterbuch an der Heidelberger Akademie der Wissenschaften Dank für den Hinweis auf das Thalhofersche Fechthandbuch und die im Zusammenhang damit stehenden mittelalterlichen Rechtsbräuche.

Inhalt

1 Der indiskrete Mann   11

2 Die Ästhetik des *Whoppers*   61

3 Krisenschach   99

Exit   Vadetecum   129